Revidirter Entwurf

der

bürgerlichen Prozeßordnung

für

die Preußischen Staaten.

Erster Band.

Berlin.
Gedruckt bei G. Reimer.
1842.

Vorwort.

Der vorliegende Entwurf der bürgerlichen Prozeß-Ordnung für die Preußischen Staaten zerfällt mit Rücksicht auf die Bestimmung desselben für die künftige definitive Berathung in zwei Bände.

Der erste Band umfaßt zwei Theile, von welchen

der erste — Allgemeiner Theil — die Vorschriften über allgemeine, in allen Prozeß-Gattungen vorkommende Gegenstände enthält;
der zweite — Besonderer Theil — aber den ordentlichen und summarischen Prozeß in erster Instanz sowohl bei den Ober- als Untergerichten, also das Verfahren bis zur Publikation des Erkenntnisses sowohl in der Hauptsache, als in den Nebenpunkten enthält.

Der zweite Band zerfällt in drei Theile, von welchen

der erste die Grundsätze über die Rechtsmittel und das Verfahren in den ferneren Instanzen,

der zweite die verschiedenen besonderen Prozeß-Gattungen,

der dritte die Grundsätze über das Executions-Verfahren

umfaßt.

In den besonders gedruckten Motiven sind die Gründe der in den Entwürfen enthaltenen Vorschriften mit steter Rücksicht auf die bestehende Prozeßgesetzgebung entwickelt.

Berlin, den 24. Februar 1842.

v. Kamptz.

Inhalts-Uebersicht.

Erster Theil.

Allgemeiner Theil.

Zweite Abtheilung. Ordentlicher Gerichtsstand.

Erster Abschnitt. Persönlicher Gerichtsstand.

Zweiter Abschnitt. Dinglicher Gerichtsstand.

Dritte Abtheilung. Außerordentl. Gerichtsstand.

Zweiter Theil.

Besonderer Theil.

Erstes Buch.
Von dem Verfahren in erster Instanz.

Erste Hauptabtheilung.
Vom Prozesse über die Hauptsache.

Erster Titel.
Vom Verfahren vor collegialischen Gerichten.

Erste Abtheilung.
Von dem ordentlichen Prozesse.

Zweite Abtheilung.

Von den summarischen Prozessen.

Entwurf.

Erster Theil.

Allgemeiner Theil.

Erster Theil.

Allgemeiner Theil.

Erster Titel.

Von den Gegenständen des Prozesses.

I. Competenz der Civilgerichte.

§. 1.

Zur Entscheidung der Civilgerichte gehören alle Streitigkeiten über Sachen und Rechte, welche einen Gegenstand des Privatrechts ausmachen, in so fern dieselben nicht durch besondere Gesetze vom gewöhnlichen Rechtswege ausgeschlossen sind.

II. Conflikt mit Verwaltungs-Behörden.

§. 2.

Wird in einem Prozesse zwischen dem Fiskus und Privatpersonen, oder zwischen Privatpersonen unter sich von der Verwaltungs-Behörde ein Widerspruch gegen die Zulässigkeit der richterlichen Cognition und Entscheidung erhoben; so haben die Gerichte, sobald ihnen dieser Conflikt angezeigt ist, alles Einschreitens sich bis dahin zu enthalten, daß über diesen Widerspruch nach den Bestimmungen der Verordnung vom 30. Juni 1828 entschieden ist.

1 *

§. 3.

Die Erhebung eines solchen Conflikts erfolgt durch ein an das Gericht zu erlassendes Schreiben der Verwaltungs-Behörde, welches enthalten muß:

1) die bestimmte Erklärung, daß in der vorliegenden Sache der Rechtsweg nicht statt finde, und deshalb in Gemäßheit der Verordnung vom 30. Juni 1828 der Conflikt erhoben werde;
2) den Antrag, das Rechtsverfahren bis zur Entscheidung des Conflikts einzustellen.

Diesem Schreiben wird der abgefaßte motivirte Beschluß in einer besonderen Ausfertigung beigefügt.

§. 4.

Sobald der Conflikt auf die vorgeschriebene Weise erhoben worden, stellt der Prozeßrichter das Rechtsverfahren einstweilen ein, benachrichtigt hiervon beide Theile und berichtet über den Conflikt an den Justiz-Minister mit Einreichung der Akten.

§. 5.

Schwebt der Prozeß bei einem Untergerichte; so erstattet dasselbe den Bericht an das vorgesetzte Landes-Justizcollegium, welches ihn unter Beifügung seines Gutachtens dem Justiz-Minister überreicht.

§. 6.

Die Vollstreckung eines bereits publicirten Erkenntnisses muß ebenfalls bis zu erfolgter Entscheidung des Competenz-Conflikts eingestellt werden, wenn der Widerspruch der Verwaltungs-Behörde darauf gegründet wird, daß die Sache, über welche erkannt worden, zur richterlichen Entscheidung nicht geeignet gewesen sei.

§. 7.

In Betreff der Competenz-Conflikte zwischen den Gerichten und den General-Commissionen hat es bei den darüber erlassenen besonderen Bestimmungen das Bewenden.

§. 8.

Wenn sowohl die Verwaltungs-Behörde, als das Gericht, sich für incompetent erklären, um über einen Anspruch zu verfügen oder zu erkennen; so ist über diesen Conflikt ebenfalls nach den Bestimmungen der Verordnung vom 30. Juni 1828 zu entscheiden.

Zweiter Titel.

Von den Personen, welche vor Gericht klagen und beklagt werden können.

I. Allgemeine Vorschrift.

§. 9.

Ein Jeder ist, so weit er nicht in der Verwaltung seines Vermögens beschränkt ist, befugt, seine Rechte vor Gericht zu verfolgen oder zu vertheidigen.

II. Unfähige Personen.

1. in Ansehung natürlicher Unfähigkeit.

§. 10.

Minderjährige, Wahn- und Blödsinnige, erklärte Verschwender, Abwesende, deren Aufenthalt unbekannt ist, oder von welchen es bekannt oder wahrscheinlich ist, daß sie wider ihren Willen an der eigenen Besorgung ihrer Angelegenheiten verhindert werden, Blinde, welche zugleich taub sind, Taubstumme, welche durch verständliche Zeichen sich Andern mitzutheilen außer Stande sind, so wie überhaupt alle Personen, denen vermöge der gesetzlichen Vorschriften ein Vormund oder Curator zu bestellen ist, werden durch ihre natürlichen oder gerichtlich bestellten Vormünder und Curatoren vertreten.

Dasselbe gilt von den, unbekannten Interessenten oder einer Leibesfrucht bestellten Curatoren, imgleichen von den Verlassenschafts-Curatoren, so lange der Erbe noch nicht bekannt ist.

§. 11.

In wie fern die natürlichen oder gerichtlich bestellten Vormünder und Curatoren zu den Prozessen einer besonderen Genehmigung der vormundschaftlichen Behörde bedürfen, ist nach den Vorschriften des Allgemeinen Landrechts zu beurtheilen.

2. Gesetze, nach welchen die Fähigkeit zu beurtheilen.

§. 12.

Die Fähigkeit der Personen, vor Gericht als Kläger oder Beklagter zu erscheinen, ist rücksichtlich des Alters nach den Gesetzen ihres Wohnorts zu beurtheilen.

§. 13.

Hat jedoch ein Fremder das fünf und zwanzigste Jahr zurückgelegt; so schadet es der Gültigkeit der vor diesseitigen Gerichten gepflogenen Verhandlungen nicht, wenn sich auch in der Folge finden sollte, daß die Gesetze seines Wohnorts oder besondere Willenserklärungen, welche dem Richter nicht vorgelegt worden sind, einen späteren Termin seiner Volljährigkeit bestimmen.

3. Verfahren, wenn Unfähige als Kläger oder Beklagte auftreten.

§. 14.

Tritt eine der im §. 10. aufgeführten Personen als Kläger auf oder wird sie beklagt, ohne mit einem Vormunde oder Curator versehen zu sein; so muß das Gericht die Betheiligten anweisen, zuvor deren Bevormundung durch die vormundschaftliche Behörde zu bewirken, und den Prozeß inzwischen einstellen.

§. 15.

Ist jedoch Gefahr im Verzuge, so kann das Gericht selbst der unfähigen Partei einen Interims-Curator zum Betriebe der Sache zuordnen. Was mit diesem Interims-Curator verhandelt ist, muß der hiernächst von der Vormundschafts-Behörde bestellte ordentliche Vormund oder Curator wider sich gelten lassen.

§. 16.

Wenn Minderjährige an dem Orte, wo sie sich im Dienste befinden, so wie dergleichen Lehrlinge, Gesellen, Handlungsdiener, Kunstgehülfen, Hand- und Fabrik-Arbeiter in den nach §. 42. zulässigen Fällen klagen oder beklagt werden, und ihre Väter oder Vormünder nicht an demselben Orte wohnen; so ist ihnen ein Rechtsbeistand als Litiscurator zuzuordnen, dessen Pflicht es ist, den Vater oder Vormund von dem Gegenstande des Rechtsstreits in Kenntniß zu setzen und die Rechte des Minderjährigen vertreten.

III. Volljährige, unter väterlicher Gewalt stehende Personen.

§. 17.

Volljährige, aber noch unter väterlicher Gewalt stehende Personen können in Ansehung ihres nicht freien Vermögens nur unter Beitritt oder mit Genehmigung ihres Vaters vor Gericht erscheinen.

§. 18.

In den im §. 16. gedachten Fällen sind sie jedoch befugt und verpflichtet, ihre Gerechtsame selbst wahrzunehmen, ohne daß es der Zuziehung oder Benachrichtigung ihrer Väter bedarf.

§. 19.

Der Vater ist die volljährigen, aber noch unter seiner Gewalt stehenden Kinder nur zu solchen Prozessen zuzuziehen verbunden, welche die Substanz ihres nicht freien Vermögens betreffen.

Sind in einem solchen Prozesse der Vater und das Kind über dessen Einleitung oder Fortsetzung nicht einverstanden, so giebt die Meinung des großjährigen Kindes, als Eigenthümer, den Ausschlag; jedoch kann der Vater, als Nießbraucher, wegen seines eigenen, dabei vorwaltenden Interesses den Prozeß allein führen oder fortsetzen, und der Gegner ist verbunden, sich in so weit mit ihm einzulassen.

§. 20.

Will hingegen das großjährige Kind den, die Substanz seines nicht freien Vermögens betreffenden Prozeß, gegen die Ansicht des Vaters führen oder fortsetzen; so bedarf es dazu des Beitritts des Vaters nicht.

Eben so ist das großjährige Kind, die zwischen dem Vater und ihm selbst entstehenden Prozesse allein zu führen befugt.

IV. Ehefrauen.

§. 21.

Ehefrauen bedürfen des Beistandes oder der Genehmigung ihrer Ehemänner, um vor Gericht aufzutreten, mit Ausnahme der Fälle, wenn der Gegenstand des Rechtsstreits zu dem durch Vertrag vorbehaltenen Vermögen der Ehefrau gehört, oder wenn die Ehefrau wider ihren Ehemann klagt oder von ihm belangt wird.

§. 22.

Steht der Ehemann selbst unter Vormundschaft oder Curatel; so muß statt seiner der Vormund oder Curator desselben zugezogen werden.

§. 23.

In wie fern der Ehemann bei Prozessen über das, seiner Verwaltung anvertraute Vermögen der Ehefrau, oder über das unter ihnen gemeinschaftliche Vermögen, seine Ehefrau zuziehen muß, ist nach den über ihr eheliches Güterverhältniß bestehenden Gesetzen zu beurtheilen.

§. 24.

Versagt einer der Ehegatten die nach den vorstehenden Bestimmungen zu einem Rechtsstreite erforderliche Einwilligung; so kann die vormundschaftliche Behörde, welcher die Ehefrau für den Fall ihrer Bevormundung unterworfen sein würde, auf den Antrag des Betheiligten, wenn Gründe dazu vorhanden sind, diese Einwilligung ergänzen.

V. Moralische Personen.

§. 25.

Kirchen, Schulen, milde Stiftungen, Gemeinden und andere moralische Personen, können gleich einzelnen Personen klagen und belangt werden.

§. 26.

In wie fern dieselben jedoch hierzu der Anweisung oder Genehmigung der höheren Behörde bedürfen, ist nach ihren Statuten und Verfassungen, und in deren Ermangelung nach den Vorschriften des Allgemeinen Gesetzbuchs zu beurtheilen.

Dritter Titel.

Vom Gerichtsstande.

Erste Abtheilung.

Allgemeine Vorschriften.

I. Competenz.

§. 27.

Eine jede Klage muß bei demjenigen Gerichte angebracht werden, an welches sie durch die nachfolgenden Bestimmungen gewiesen ist.

§. 28.

Kann eine Klage nach diesen Bestimmungen bei mehreren Gerichten angestellt werden; so hängt es von der Wahl des Klägers ab, bei welchem derselben er sie anbringen will.

II. Prävention.

§. 29.

Ist dieselbe Klage bei mehreren competenten Gerichten angebracht; so hat unter ihnen dasjenige den Vorzug, dessen Vorladung dem Beklagten zuerst zugestellt oder, falls eine Edictal-Citation statthaft ist, diese zuerst in den öffentlichen Blättern bekannt gemacht worden ist.

III. Rechtshängigkeit.

§. 30.

Sobald auch außer diesem Falle (§. 29.) die Vorladung dem Beklagten durch ein competentes Gericht einmal zugestellt ist, wird in der Competenz dieses Gerichts durch später eintretende Veränderungen in dem Zustande des Beklagten oder des Streitgegenstandes nichts geändert.

Zweite Abtheilung.

Ordentlicher Gerichtsstand.

Erster Abschnitt.

Persönlicher Gerichtsstand

I. des Wohnsitzes.

§. 31.

Der ordentliche Gerichtsstand für persönliche Klagen ist dasjenige Gericht, in dessen Bezirke der Beklagte seinen Wohnsitz hat.

§. 32.

Hat Jemand seinen Wohnsitz in verschiedenen Gerichts-Bezirken; so kann er nach der Wahl des Klägers bei jedem dieser Gerichte belangt werden.

§. 33.

Ehefrauen haben den Gerichtsstand ihrer Ehemänner, und Kinder, so lange sie unter väterlicher Gewalt stehen, denjenigen ihres Vaters.

§. 34.

Ehefrauen und Kinder der Militairpersonen bleiben jedoch, wenn ihre Ehemänner und Väter ins Feld rücken, dem bisherigen Gerichtsstande derselben unterworfen.

II. des Orts der Bevormundung.

§. 35.

Personen, welche unter Vormundschaft oder Curatel stehen, haben ihren Gerichtsstand bei demjenigen Gerichte, in dessen Bezirk sie bevormundet sind.

III. des Orts der Anstellung oder der Dienstleistung

1. überhaupt.

§. 36.

Alle, sowohl unmittelbare, als mittelbare öffentliche Beamte haben, auch wenn sie minderjährig oder der väterlichen Gewalt noch unterworfen sind, ihren Gerichtsstand bei demjenigen Gerichte, in dessen Bezirke sie angestellt sind.

2. der Militairpersonen.

§. 37.

Militairpersonen, auch wenn sie minderjährig sind oder unter väterlicher Gewalt stehen, haben in den Angelegenheiten der bürgerlichen Gerichtsbarkeit ihren Gerichtsstand bei demjenigen Gerichte, in dessen Bezirke ihr Garnisonort belegen ist.

§. 38.

In Injuriensachen, welche im Civilverfahren zu erledigen sind, stehen hingegen die Militairpersonen ebenso, wie in allen übrigen Straf- und Injuriensachen, unter den Militair-Gerichten.

§. 39.

Ihre Ehefrauen, Kinder, Dienstboten und Angehörigen sind jedoch auch in dergleichen Injuriensachen dem Civilgerichte des Garnisonorts unterworfen.

§. 40.

Die aus dem Militairdienste ausgeschiedenen Personen, mit Ausschluß jedoch der mit Wartegeld oder Pension entlassenen Offiziere, ferner alle auf unbestimmte Zeit Beurlaubte des stehenden Heeres, der Reserve und der Landwehr, einschließlich der beurlaubten Landwehr-Offiziere, nicht aber anderer beurlaubter Offiziere, imgleichen die ausgehobenen und vereideten, gleichwohl in der Heimath belassenen Ersatzmannschaften, so lange diese Beurlaubten und Mannschaften nicht einberufen worden sind, und alle dem Militairgerichtsstande nicht unterworfenen Personen haben auch in den gedachten Injuriensachen ihren Gerichtsstand bei demselben Civilgerichte, bei welchem sie in anderen Civilsachen belangt werden können.

3. Einschränkungen der §§. 36—40.

§. 41.

Hat jedoch der Prozeß gegen minderjährige oder noch unter väterlicher Gewalt stehende Beamte und Militairpersonen, so wie auch gegen Studirende (§. 46.) ihre persönlichen Eigenschaften und Befugnisse (jura status) oder die Erbfolge in ihren Nachlaß zum Gegenstande; so tritt für diese Fälle nicht der in den §§. 36. 37. und 47. gedachte Gerichtsstand, sondern der in den §§. 33 und 35. aufgeführte Gerichtsstand der Bevormundung oder der ihres Vaters ein.

In denselben Fällen können diejenigen Personen, welche lediglich zur Erfüllung der allgemeinen Militairpflicht in den Dienst getreten sind und einen eigenen ordentlichen Wohnsitz haben, ebenfalls nur in dem Gerichtsstande ihres Wohnsitzes belangt werden.

4. Minderjähriger Dienst- und Gewerbs-Angehöriger.

§. 42.

Minderjährige und unter väterlicher Gewalt stehende volljährige Personen, wenn sie sich im Dienste Anderer befinden, so wie dergleichen Lehrlinge, Gesellen, Handlungsdiener, Kunstgehülfen, Hand- und Fabrikarbeiter sind in Injurien-Alimenten und Entschädigungs-Prozessen, so wie in allen Rechtsstreitigkeiten, welche aus ihren Dienst-, Erwerbs- und Contrakts-Verhältnissen entspringen, dem Gerichtsstande ihres Aufenthaltsorts unterworfen. (§. 16.) Dieselben Personen haben, wenn sie großjährig und der väterlichen Gewalt nicht unterworfen sind, auch in allen übrigen Rechtsstreitigkeiten ihren Gerichtsstand bei demjenigen Gerichte, in dessen Bezirke sie sich im Dienste Anderer befinden.

IV. des Sitzes der Verwaltung moralischer Personen.

§. 43.

Korporationen, Gesellschaften und andere moralische Personen müssen bei dem Gerichte belangt werden, in dessen Bezirk die Verwaltung derselben ihren Sitz hat.

§. 44.

Die Behörden des Staats, ohne Unterschied, ob sie als Vertreter der fiskalischen Rechtsangelegenheiten oder selbst in Anspruch genommen werden, haben insbesondere ihren Gerichtsstand bei demjenigen Gerichte, in dessen Bezirke sie ihren Sitz haben.

V. des Aufenthalts.

§. 45.

Diejenigen Inländer, welche in hiesigen Landen keinen Wohnsitz haben, können bei den Gerichten ihres jedesmaligen Aufenthaltsorts in Anspruch genommen werden.

Dasselbe gilt von den in diesseitigen Landen sich aufhaltenden Fremden, in so weit nicht Staatsverträge entgegen stehen; auch fremde, in den Preußischen Staaten sich aufhaltende Offiziere und Militairpersonen haben den Gerichtsstand, auch in Injuriensachen, bei dem Civilgerichte. (§. 40.)

IV. der Studirenden.

§. 46.

In so fern Studirende nicht unter der akademischen Gerichtsbarkeit stehen, haben sie während ihres Aufenthalts auf Universitäten, auch wenn sie minderjährig oder der väterlichen Gewalt noch unterworfen sind, den Gerichtsstand ihres Aufenthaltsorts. (§. 40.)

§. 47.

Hat ein hiesiger Unterthan seinen Wohnsitz oder Aufenthaltsort gänzlich verlassen, sein gegenwärtiger Aufenthaltsort ist aber unbekannt, so kann derselbe vor dem Gerichte des Orts, wo er seinen letzten bekannten Wohnsitz oder Aufenthalt gehabt hat, belangt werden, und ist ihm alsdann in Folge der §§. 10. 14 und 15. ein Vormund oder ein Curator zum Betrieb der Sache zu bestellen.

Zum Nachweis, daß die gedachten Voraussetzungen vorhanden sind, soll das darüber von der Orts-Polizeibehörde ausgestellte Attest genügen.

Zweiter Abschnitt.

Dinglicher Gerichtsstand.

I. eigentlicher.

§. 48.

Der Gerichtsstand für dingliche Klagen ist dasjenige Gericht, in dessen Bezirke die Sache sich befindet.

§. 49.

Dieser Gerichtsstand erstreckt sich auf alle unbewegliche Sachen und deren Zubehörungen.

II. erweiterter.

1. überhaupt.

§. 50.

Bei demselben Gerichte können auch Klagen wegen solcher Rechte und Verbindlichkeiten angebracht werden, welche aus dem Besitze der unbeweglichen Sache oder aus Handlungen fließen, die der Beklagte in der Eigenschaft als Besitzer derselben vorgenommen hat.

§. 51.

In Provinzen, wo der Landsassiat statt findet, kann ein Fremder, der daselbst ein Rittergut besitzt oder an einem Lehngute in die gesammte Hand aufgenommen ist, von Königlichen Unterthanen auch wegen persönlicher Ansprüche bei demjenigen Gerichte belangt werden, dem das Gut unterworfen ist.

§. 52.

Außerdem können Ausländer, auch wenn sie in den Königl. Landen keinen persönlichen Gerichtsstand haben, darin aber bewegliches oder unbewegliches Vermögenbe sitzen, von diesseitigen Unterthanen bei demjenigen Gerichte, in dessen Bezirk sich dieses Vermögen befindet, auch wegen persönlicher Forderungen zum Zweck der Befriedigung aus dem in hiesigen Landen befindlichen Vermögensstücken in Anspruch genommen werden.

§. 53.

Diese Vorschrift (§. 52.) findet zwar gegen die Einwohner der deutschen Bundesstaaten keine Anwendung; jedoch wird das Wiedervergeltungsrecht in den dazu geeigneten Fällen vorbehalten.

§. 54.

Vormals reichsunmittelbare Standesherren sind niemals aus dem Grunde allein, weil sie in der Preußischen Monarchie eine Standesherrschaft besitzen, vor den hiesigen Gerichten in bloß persönlichen Angelegenheiten Recht zu nehmen verbunden.

2. In Ansehung beweglicher Sachen.

§. 55.

In Ansehung der beweglichen Sachen findet der dingliche Gerichtsstand nur alsdann statt, wenn sich die Klage auf ein Eigenthums- oder Pfandrecht gründet, und der Beklagte keinen Wohnsitz in hiesigen Landen hat.

3. Bei Stromschiffern.

§. 56.

Ein Schiffer, welcher im Inlande Stromschifffahrt treibt, kann bei dem Gerichte des Orts, wo er mit seinem Fahrzeuge angetroffen wird, auch wegen bloß persönlicher Forderungen, sofern diese nicht der Entscheidung besonderer Gerichte zugewiesen sind, belangt werden. Er ist jedoch nicht verpflichtet, sich auf diese Klage einzulassen, wenn er anderwärts im Inlande oder in einem andern deutschen Bundesstaate einen festen Wohnsitz und persönlichen Gerichtsstand hat, und dieses durch Vorlegung eines im Laufe des letztverflossenen Jahres ausgestellten Attestes der competenten Polizeibehörde seines angeblichen Wohnorts nachweist, auch im letzteren Falle der Gerichtsstand am Orte der angestellten Klage nicht schon aus einem andern Grunde gegen ihn gerechtfertigt erscheint.

4. Concurrenz mit dem persönlichen Gerichtsstande.

§. 57.

Steht dem Kläger neben dem dinglichen Rechte auf die Sache zugleich ein persönliches Recht gegen den Besitzer derselben zu, so hat er die Wahl, ob er die Klage bei dem Richter der Sache, oder in dem persönlichen Gerichtsstande des Beklagten anstellen will.

§. 58.

Stellt der Kläger in diesem Falle (§. 57.) die Klage bei dem Richter der Sache an; so steht ihm frei, dieselbe zugleich auf Zuerkennung des persönlichen Anspruchs an den Schuldner zu richten, und es soll alsdann das von dem Richter der Sache über den persönlichen Anspruch mit erlassene rechtskräftige Urtheil gegen den Schuldner durch Requisition seines persönlichen Richters vollstreckbar sein, ohne daß es einer neuen Personalklage bedarf.

3. des Arrestes.

§. 59.

Wie durch Arrestschlag der Gerichtsstand an dem Orte, wo sich die mit Arrest belegte Sache befindet, in so weit begründet werden kann, als über die Zulässigkeit des Arrestes zu erkennen ist, wird in dem Titel von Arresten bestimmt.

§. 60.

Die Ausführung des Anspruchs jedoch, welcher durch den Arrest begründet werden soll, gehört vor den persönlichen Richter des Verklagten.

§. 61.

Hat aber der Beklagte keinen festen Wohnsitz im Lande; so muß er bei dem Richter, welcher den Arrest angelegt hat, auch in der Hauptsache Recht nehmen, in so fern hierüber hinsichtlich der Arreste gegen Fremde durch Staatsverträge nicht ein Anderes bestimmt ist.

§. 62.

Wie weit durch Pfändungen überhaupt und insbesondere bei Defraudationen eines Privatzolls ein Gerichtsstand begründet werden kann, ist gehörigen Orts im Allgemeinen Gesetzbuche vorgeschrieben.

4. Gerichtsstand der Erbschaft.

§. 63.

Der Gerichtsstand einer Erbschaft ist bei demjenigen Gerichte, in dessen Bezirke der Erblasser zur Zeit seines Ablebens seinen letzten persönlichen Gerichtsstand gehabt hat, oder im Falle der Todeserklärung, bei demjenigen Gerichte, bei welchem die Klage darauf anzubringen war.

§. 64.

Hatte der Verstorbene seinen persönlichen Gerichtsstand bei mehreren Gerichten; so ist, wenn sich darunter ein Obergericht befindet, dieses, außer diesem Falle, so wie beim Zusammentreffen mehrerer Obergerichte aber dasjenige Gericht als Gerichtsstand der Erbschaft anzusehen, in dessen Bezirke der Erblasser zuletzt wirklich gewohnt hat.

§. 65.

In dem Gerichtsstande der Erbschaft können angebracht werden:

1) Klagen wegen eines Erbrechts und solche, welche auf die Erfüllung oder Vernichtung testamentarischer Bestimmungen gerichtet sind;
2) Klagen zwischen den Erben über die Theilung der Erbschaft und auf Gewährleistung der Erbtheile;
3) Klagen der Erbschaftsgläubiger, so lange diese berechtigt sind, sich an die Erben insgesammt zu halten, oder, wenn nur ein Erbe vorhanden ist, bis dahin, daß dieser die Erbschaftsgläubiger zur Liquidation ihrer Forderungen aufgeboten hat, und alsdann die gesetzliche Anmeldungsfrist verstrichen ist.

Dritte Abtheilung.
Außerordentlicher Gerichtsstand.

I. Wegen streitiger Gerichtsbarkeit.

§. 66.

Ist zwischen zwei, demselben Obergerichte unterworfenen Untergerichten, oder zwischen dem Untergerichte und dem ihm vorgesetzten Obergerichte der Umfang ihrer Gerichtsbarkeit streitig, dergestalt, daß es ungewiß wird, vor welches von beiden eine anhängig zu machende Klage gehört; so kann das Obergericht, auf den Antrag der Betheiligten, die Sache vor sich selbst ziehen, oder auch ein Gericht benennen, bei welchem die Sache, vorbehaltlich der Entscheidung des Jurisdictionsstreits, verhandelt werden soll.

§. 67.

Waltet der Streit zwischen zwei Gerichten, welche zwei verschiedenen Obergerichten unterworfen sind, oder zwischen diesen selbst ob; so geschieht die Ernennung des Gerichts, bei welchem die Klage anzubringen ist, mit gleichem Vorbehalte durch das Justiz-Ministerium.

II. Bei mehreren Beklagten, welche verschiedenen Gerichten unterworfen sind.

§. 68.

Sind mehrere Personen, welche einen verschiedenen Gerichtsstand haben, wegen einer und derselben Forderung zu belangen; so ist die Klage bei demjenigen Gerichte anzubringen, unter welchem die Mehrzahl der Beklagten steht.

Ist die Zahl bei dem einen und dem anderen Gerichte gleich; so hat der Kläger die Wahl, bei welchen von diesen Gerichten er die Klage anstellen will.

Hat jedoch einer der Beklagten einen eximirten Gerichtsstand; so muß die Klage gegen sämmtliche Mitverklagte in diesem angebracht werden.

III. Wegen verweigerter oder pflichtwidrig ausgeübter Rechtspflege.

§. 69.

Macht sich der Richter in einem bei ihm schwebenden Prozesse der Justizverweigerung, der Parteilichkeit oder einer solchen Verletzung seines Amts schuldig, wofür er den Parteien verantwortlich ist; so kann der hierunter leidende Theil bei der vorgesetzten Behörde auf Verweisung der Sache an ein anderes Gericht antragen. Dieser Antrag muß die Thatsachen, auf welche sich die Beschuldigung stützt, und die Beweise dafür enthalten, und muß demselben nachgegeben werden, wenn die Klage gegen den Richter für zulässig erachtet wird.

IV. Wegen gesetzmäßiger Gründe der Recusation des ordentlichen Richters.

§. 70.

Ein Richter kann in folgenden Fällen recusirt werden:

1) wenn er selbst oder seine Ehefrau, oder einer seiner Verwandten in auf- und absteigender Linie von dem Ausfalle der Sache Vortheil oder Schaden zu erwarten haben;
2) wenn er mit einem der streitenden Theile in auf- oder absteigender Linie oder bis zum vierten Grade der Seitenlinie einschließlich verwandt, verschwägert, verheirathet oder verlobt, oder mit einem Sachwalter der Parteien in auf- oder absteigender Linie oder als Bruder oder Schwager verwandt ist, einschließlich des Falles, wenn er sich zu beiden Parteien in einem dieser Verhältnisse befindet;
3) wenn er als Zeuge in der Sache vorgeschlagen wird;
4) wenn er mit einem der streitenden Theile in bekannter Feindschaft lebt;
5) wenn er, ohne amtliche Veranlassung, einer der Parteien in der Sache Rath ertheilt, oder bei der Angelegenheit, welche Gegenstand des Rechtsstreits ist, als ihr Rechtsfreund mitgewirkt hat;
6) wenn er an der Einleitung oder an dem Betriebe des Prozesses als Mitglied einer Vormundschafts- oder Lehnsbehörde, oder als Curator einer Kasse Theil genommen hat;
7) wenn er in der Sache bereits erkannt oder an dem Erkenntnisse in derselben Sache Theil genommen hat.

In den beiden letzten Fällen (Nummer 6 und 7) kann jedoch nur die Theilnahme an der Abfassung des Erkenntnisses verbeten werden.

§. 71.

Steht dem Richter eines der in dem §. 70. unter den Nummern 1 bis 5 einschließlich bezeichneten Verhältnisse entgegen; so muß er sich unter allen Umständen und ohne die

Recusation einer Partei abzuwarten, jeder ferneren Mitwirkung bei der Verhandlung und Entscheidung der Sache, so wie im Falle des §. 70. Nr. 7. der Theilnahme an der Urtheilsfällung enthalten, letzteres hingegen bei dem unter Nr. 6. bezeichneten Recusationsgrunde nur alsdann, wenn die Partei darauf anträgt. Es steht ihm jedoch auch in diesem Falle (Nr. 6.) frei, die Theilnahme an der Entscheidung selbst abzulehnen.

Diese Befugniß soll ihm auch dann zustehen, wenn er mit einer der Parteien im fünften oder sechsten Grade verwandt oder verschwägert ist.

§. 72.

Ist der Richter, welcher seine Mitwirkung aus einem der vorgedachten Gründe versagen muß oder ablehnt, ein einzeln stehender Richter, oder werden auf diese Weise so viele Mitglieder eines Gerichts an der Mitwirkung verhindert, daß die zur Fällung eines Urtheils erforderliche Anzahl nicht übrig bleibt; so verweist das vorgesetzte Obergericht und, wenn der letztgedachte Fall bei diesem selbst vorkommt, das Justiz-Ministerium die Sache an ein anderes Gericht, in so fern dieses Gericht für die unter Nr. 6. §. 70. bezeichneten Fälle nicht schon im Voraus bestimmt worden ist.

§. 73.

Wenn der Präsident oder Dirigent desjenigen Gerichts, wohin die Sache gehören würde, selbst zu den Parteien gehört, oder bei ihm einer der im §. 70. gedachten Recusationsgründe vorwaltet; so soll die Sache, auf Verlangen der Partei, bei der vorgesetzten Instanz, oder in deren Ermangelung bei dem, mit dem Kammergerichte verbundenen Geheimen Justizrathe, und wenn dieser Fall bei einem Kammergerichts-Präsidenten eintritt, bei dem alsdann von dem Justiz-Ministerium zu bezeichnenden Gerichte verhandelt werden.

V. Gerichtsstand des Vertrages.

§. 74.

Aus einem Vertrage kann sowohl auf Erfüllung, als auf Aufhebung desselben bei dem Gerichte des Orts geklagt werden, wo der Vertrag erfüllt werden sollte und, wenn kein Ort der Erfüllung bestimmt ist, bei dem Gerichte desjenigen Orts, wo der Vertrag abgeschlossen wurde, vorausgesetzt, daß in beiden Fällen der zu belangende Contrahent zur Zeit der Vorladung in dem Bezirke des gedachten Gerichts anzutreffen ist.

VI. Gerichtsstand der strafbaren Schadenszufügung.

§. 75.

Auf Schadloshaltung aus einer unerlaubten Handlung kann bei demjenigen Gerichte, in dessen Bezirke dieselbe begangen worden ist, in so fern geklagt werden, als der Verpflichtete zur Zeit der Vorladung in dem gedachten Gerichtsbezirke anzutreffen ist.

VII. Gerichtsstand für Entschädigungs- und Alimentationsklagen aus dem unehelichen Beischlafe.

§. 76.

Gegen den Schwängerer, welcher seinen Wohnsitz verändert hat, kann sowohl auf Entschädigung der Geschwächten, als auf Alimentation des unehelichen Kindes in seinem vorigen, zur Zeit des Statt gehabten unehelichen Beischlafes gehabten Gerichtsstande geklagt werden, mit Ausnahme jedoch des Falles, wenn er zur Zeit der Anstellung der Klage seinen Wohnsitz in das Ausland verlegt, mithin dort seinen persönlichen Gerichtsstand hat, und in diesem Falle der Gerichtsstand gegen ihn als Ausländer nicht auch auf eine andere Weise begründet ist. (§§. 52 und 61.)

VIII. Gerichtsstand der Verwaltung.

§. 77.

Wer sich der Verwaltung einer fremden Sache, es sei mit oder ohne Auftrag, unterzogen hat, kann wegen aller aus derselben entspringenden Ansprüche bei demjenigen Gerichte klagen oder beklagt werden, in dessen Bezirke die Verwaltung geführt ist.

§. 78.

War ihm die Verwaltung gerichtlich aufgetragen; so müssen die aus seiner Verwaltung anzustellenden Klagen, mit Ausschluß jeder andern Gerichtsbarkeit, bei dem auftragenden Gerichte angebracht werden.

§. 79.

Der Gerichtsstand der Verwaltung hört auf, wenn diese völlig beendigt und dem Verwalter über die gelegte Rechnung quittirt ist.

IX. Gerichtsstand der Widerklage.

§. 80.

Wie weit ein Kläger bei demselben Gerichte, bei welchem er die Klage angestellt hat, sich auf eine vom Beklagten erhobene Widerklage einlassen muß, wird unten in dem Abschnitt von der Widerklage bestimmt.

X. Gerichtsstand durch Prorogation.

§. 81.

Wenn ein Beklagter auf die Vorladung des Gerichts, welches nicht das gehörige ist, sich gestellt und ohne die Incompetenz zu rügen, die Klage beantwortet hat; so muß er diesen Gerichtsstand auch im Fortgange des Prozesses anerkennen, und kann in der Folge nicht mehr verlangen, daß die Sache an das gehörige Gericht verwiesen werde.

§. 82.

Ist aber das Gericht in Ansehung des in Streit befangenen Gegenstandes zu erkennen nicht befugt (§. 120.); so muß dasselbe nicht allein die Einleitung des Prozesses verweigern, sondern auch denselben, sofern er dennoch eingeleitet worden, in jeder Lage der Sache von Amtswegen, so wie auf den Antrag der Partei, an das competente Gericht verweisen.

§. 83.

In Ehescheidungsprozessen findet jedoch eine Prorogation des Gerichtsstandes niemals Statt.

§. 84.

Außer dem im §. 81. gedachten Falle findet eine Prorogation des Gerichtsstandes nicht Statt, und kann ein Gericht weder durch allgemeine Unterwerfung einer Partei unter seine Gerichtsbarkeit, noch durch vorgängige Vereinigung der in Streit befangenen Personen verpflichtet werden, eine Sache vor sich zu ziehen, welche gesetzlich vor ein anderes Gericht gehört.

§. 85.

In wie fern die Parteien befugt sind, ihre Rechtsstreitigkeiten durch Compromiß einem schiedsrichterlichen Ausspruche zu unterwerfen, ist in dem Titel über das Verfahren vor Schiedsrichtern bestimmt.

Vierte Abtheilung.

Eximirter Gerichtsstand.

Erster Abschnitt.

Persönlicher eximirter Gerichtsstand.

§. 86.

In der Regel hat ein Jeder seinen persönlichen Gerichtsstand bei demjenigen Gerichte, welches für den Ort oder Bezirk, der nach den vorstehenden Bestimmungen über den Gerichtsstand entscheidet, zunächst und unmittelbar bestellt ist.

Personen und Corporationen hingegen, welchen der eximirte Gerichtsstand zusteht, haben ihren persönlichen Gerichtsstand, falls nicht eine andere Gerichtsbehörde dazu ausdrücklich bestimmt ist, bei demjenigen Oberlandesgerichte, in dessen Bezirk ihr Wohnsitz oder der sonst über den Gerichtsstand entscheidende Ort belegen ist.

I. vermöge der Geburt.

§. 87.

Die Prinzen und Prinzessinnen des Königlichen Hauses haben, so weit Hausverträge hiervon keine Ausnahme machen, ihren persönlichen Gerichtsstand bei dem mit dem Kammergerichte verbundenen Geheimen Justizrathe.

§. 88.

Für die Rechtsverhältnisse regierender Fürsten und der Mitglieder ihrer Familien, in so weit streitige Verhältnisse zur Competenz Preußischer Gerichtshöfe gehören, ist der eximirte Gerichtsstand bei dem Oberlandesgericht.

§. 89.

Die vormals reichsunmittelbaren Reichsstände und die Mitglieder ihrer Familien haben ebenfalls den eximirten Gerichtsstand bei dem Oberlandesgerichte der Provinz.

§. 90.

Alle Personen fürstlichen, gräflichen, freiherrlichen und adlichen Standes haben den eximirten Gerichtsstand ebenfalls bei dem Oberlandesgerichte.

II. durch Aemter und Würden.

§. 91.

Einen eximirten Gerichtsstand bei dem Oberlandesgerichte haben außerdem:

1) die bei einer christlichen Kirche angestellten Geistlichen;
2) die Vorsteher und Mitglieder der Dom- und anderen unmittelbaren Stifter und Klöster;
3) die Professoren, Lehrer, Docenten und Beamten der Universitäten, so wie diejenigen, welche akademische Würden erlangt haben, imgleichen die Studirenden, in so weit sie nicht der akademischen Gerichtsbarkeit unterworfen sind;

4) die Mitglieder und Offizianten der Königlichen Akademien der Wissenschaften und der Künste;
5) die Vorsteher und etatsmäßig angestellten Lehrer der höhern Schulen und Bildungsanstalten;
6) die Offiziere des stehenden Heeres, der Landwehr und der Gensd'armerie, und die im Offiziersrange stehenden Militairbeamten;
7) die zum Civilstande gehörigen Königlichen Beamten, ohne Unterschied, ob sie zum Hofstaate mit Einschluß der Hofdienerschaft gehören oder in einem der Landes-Verwaltungszweige angestellt sind, mit Einschluß der Referendarien und Auscultatoren, der Justizcommissarien und Notare und der bei den Regierungen förmlich angestellten Conducteure; ferner die Pächter der Königlichen Domainen, wenn sie als General-Pächter den Titel Königlicher Beamten führen;
8) die Räthe und Unterbeamte, so wie die Hofdienerschaft der Prinzen und Prinzessinnen des Königlichen Hauses;
9) die Beamten der vormals reichsständischen Standesherren, und zwar alle ohne Unterschied, in so fern ein standesherrliches Obergericht, dem sie sonst unterworfen sein würden, nicht vorhanden ist, entgegengesetzten Falls aber nur der Director, die Räthe und die Beisitzer des standesherrlichen Obergerichts;
10) die Beamten der übrigen Standesherren, in so fern ihnen der eximirte Gerichtsstand nach der bisherigen Verfassung oder vermöge besonderer Rezesse zusteht;
11) die mittelbaren Staatsbeamten, deren Ernennung oder Bestätigung dem Könige vorbehalten ist, und die Subalternen der landschaftlichen Creditsysteme und anderer Institute;
12) die Justiziarien bei Patrimonialgerichten, ohne Rücksicht auf ihren Wohnsitz, jedoch nur für die Dauer des Justitiariats-Verhältnisses.

§. 92.

In Ansehung der im unmittelbaren Staatsdienste stehenden Beamten niederen Ranges mit Ausnahme der Königlichen Hofdienerschaft, sind jedoch die Oberlandesgerichte mit Genehmigung des Justizministers und des Departements-Chefs der Beamten befugt, die Gerichtsbarkeit über dieselben in allen ihren Dienst nicht betreffenden Angelegenheiten den Untergerichten ein- für allemal zu übertragen. So weit die Uebertragung durch allgemeine oder besondere Verordnungen bereits geschehen ist, hat es auch ferner dabei sein Bewenden. Die vorgedachte Delegation verändert nicht die materiellen Rechte.

§. 93.

Die Königlichen Gesandten, Minister-Residenten, Residenten und Geschäftsträger, so wie alle zur Gesandtschaft gehörenden Personen, haben ihren persönlichen Gerichtsstand bei dem mit dem Kammergerichte verbundenen Geheimen Justizrathe.

III. durch verliehene Titel.

§. 94.

Titular-Räthe, so wie alle diejenigen, welchen der Titel von Aemtern oder Würden, welche nach den vorstehenden Bestimmungen den eximirten Gerichtsstand begründen, verliehen worden ist, haben ebenfalls den eximirten Gerichtsstand.

§. 95.

Wirkliche und Titular-Beamte auswärtiger Staaten, wenn sie vor diesseitigen Gerichten belangt werden, haben in Ansehung des eximirten Gerichtsstandes gleiche Rechte mit den Königlichen Beamten.

Auch stehen fremde Offiziere, insbesondere im vollen Umfange der bürgerlichen Gerichtsbarkeit (§§. 37 — 40.), unter dem Obergerichte.

§. 96.

Sind jedoch Königliche Unterthanen in fremde Dienste getreten, oder haben sie von einem fremden Hofe einen Titel erhalten; so kommt ihnen der eximirte Gerichtsstand nur dann zu, wenn ihnen die Königliche Erlaubniß zum Eintritt in den fremden Dienst oder zur Annahme des Titels ertheilt war.

§. 97.

Der vermöge des Amts Eximirte (§. 91. Nr. 1 — 11.) behält den eximirten Gerichtsstand nach seiner Dienstentlassung bei; er verliert denselben aber durch Amtsentsetzung, so wie durch eine, mit ausdrücklicher Verlusterklärung des Ranges und Titels erfolgte Dienstentlassung.

§. 98.

Die bei dem Königlichen oder einem prinzlichen Hofstaate angestellten Offizianten und Livreebedienten, welche nicht einen zur Exemtion berechtigenden Titel führen, verlieren mit der Auflösung dieses Dienstverhältnisses den dadurch begründeten eximirten Gerichtsstand.

IV. vermöge Bewohnung eines eximirten Grundstücks.

§. 99.

Der Eigenthümer eines der unmittelbaren Gerichtsbarkeit eines Obergerichts unterworfenen Grundstücks (§. 109.) hat, wenn er auf demselben wohnt, einen eximirten persönlichen Gerichtsstand vor dem Obergerichte. Diese Exemtion hört auf, wenn er seinen Wohnsitz nach einem andern Orte verlegt, oder aufhört, Eigenthümer des eximirten Guts zu sein. Ist eine Ehefrau die Eigenthümerin; so hat auch ihr Ehemann, so lange er auf dem eximirten Gute wohnt, den eximirten Gerichtsstand.

V. Gerichtsstand der Ehefrauen und Kinder eximirter Personen.

§. 100.

Die Ehefrauen und die unter väterlicher Gewalt stehenden Kinder haben den eximirten Gerichtsstand ihrer Ehemänner und Väter und behalten denselben, die ersteren, so lange sie im Wittwenstande verbleiben, die letzteren aber, sofern sie nicht selbst schon durch die Geburt zu den Eximirten gehören, nur so lange, als sie minderjährig sind.

§. 101.

Eine geschiedene Frau behält den eximirten Gerichtsstand ihres Mannes nur in so fern, als sie den Namen des Mannes fortzuführen berechtigt ist. In wie fern sie, wenn ihr Ehemann nicht eximirt, sie selbst aber vor Eingehung der geschiedenen Ehe, vermöge der Geburt oder als Wittwe sich einem eximirten Gerichtsstande unterworfen hatte, durch Wiederannahme ihres vorigen Namens in den eximirten Gerichtsstand zurücktritt, ist in den Ehegesetzen bestimmt.

VI. Gerichtsstand der Offizianten und des Gesindes eximirter Personen.

§. 102.

Die Hausoffizianten, Livreebedienten und das Gesinde der Eximirten, mit Ausschluß der Studirenden, stehen während der Dauer ihres Dienstes unter dem Gerichtsstande ihrer Herrschaft.

§. 103.

Die in dem Patrimonial-Jurisdictionsbezirke sich befindenden Hausoffizianten und Wirthschaftsbedienten, so wie das Gesinde der Gutsherrschaft, sind jedoch, sofern nicht Provinzialgesetze oder besondere Verträge entgegenstehen, der Patrimonial-Gerichtsbarkeit unterworfen.

§. 104.

Die Uebertragung der Gerichtsbarkeit über die zur Klasse der Hausoffizianten und des Gesindes (§. 102.) gehörenden Personen niederen Standes an die Untergerichte ihres Aufenthaltsortes kann nur mit Königlicher Genehmigung erfolgen; in so fern sie aber durch allgemeine oder besondere Verordnungen bereits erfolgt ist, hat es dabei auch ferner sein Bewenden.

VII. Gerichtsstand der eximirten moralischen Personen.

§. 105.

Die öffentlich aufgenommenen Kirchengesellschaften, so wie alle geistlichen und adlichen Corporationen und unmittelbaren Stifter, Kapitel und Klöster, die Universitäten, höheren Schulen und Bildungsanstalten, alle Behörden des Staats, ohne Unterschied, ob sie als Vertreter der fiskalischen Rechtsangelegenheiten oder in anderen Eigenschaften und selbst in Anspruch genommen werden, die Magistrāte und Gemeinden der unmittelbaren und der Königlichen Mediatstädte haben einen eximirten Gerichtsstand bei dem Obergerichte, imgleichen diejenigen Corporationen, denen derselbe besonders beigelegt worden ist.

Allgemeine Bestimmung.

§. 106.

Den eximirten Personen und Corporationen verbleibt ihr eximirter Gerichtsstand selbst dann, wenn ein außerordentlicher Gerichtsstand (§§. 66—85.) eintritt, mit Ausnahme jedoch der Fälle einer gerichtlich aufgetragenen Verwaltung (§. 78.), so wie des durch Widerklage oder durch Prorogation (§§. 80 und 81.) begründeten Gerichtsstandes.

§. 107.

Wenn aber ein Eximirter Handlung oder ein anderes bürgerliches Gewerbe, jene sowohl wie dieses als sebstständiges und eigenes Gewerbe treibt; so kann er in allen daraus entspringenden oder damit in Verbindung stehenden Streitigkeiten auf den eximirten Gerichtsstand keinen Anspruch machen, mit Ausnahme jedoch derjenigen Rittergutsbesitzer, welche in diesem Falle unter die Gerichtsbarkeit ihres eigenen Patrimonialgerichts fallen würden.

Zweiter Abschnitt.

Eximirter dinglicher Gerichtsstand.

§. 108.

Die Domainengüter und Vorwerke, die standesherrlichen Güter, die Rittergüter und die zu adlichen Rechten verliehenen Güter, so wie alle eigene, selbstständige Landgüter, sind ohne Rücksicht auf die persönliche Eigenschaft ihrer Besitzer, der unmittelbaren Gerichtsbarkeit des Obergerichts der Provinz, in welcher sie belegen, unterworfen.

Eben dies ist der Fall in Ansehung der unmittelbaren Städte und deren Land- und Kämmereigüter.

§. 109.

Die in solchen Gütern (§. 108.) belegenen oder zu denselben gehörigen Grundstücke, ohne Unterschied, ob sie Communen und Corporationen bilden oder nicht, so wie die in den Städten und auf deren Feldmarken befindlichen Grundstücke, stehen dagegen, ohne Rücksicht auf die persönliche Eigenschaft ihrer Besitzer, unter der Gerichtsbarkeit des Landguts, zu welchem sie gehören, oder unter der des Stadtgerichts, mit Ausnahme jedoch der Kirchen-, Pfarr- und Küster-Grundstücke, so wie derjenigen Grundstücke, welchen vermöge besonderer Verfassung oder Privilegiums der eximirte Gerichtsstand zusteht.

§. 110.

Die Obergerichte sind gleichwohl befugt, die Realjurisdiction über die im §. 109. gedachten eximirten Grundstücke, mit Einwilligung der Besitzer und, in so fern diese keine freie Eigenthümer sind, der denselben vorgesetzten Behörde und überhaupt derjenigen, deren Zustimmung zur Veräußerung der Gerechtsame solcher Grundstücke erforderlich ist, so wie mit Genehmigung des Gerichtsherrn, dessen Gerichtsbarkeit sie unterworfen werden sollen, unter Genehmigung des Justiz-Ministers dem Untergerichte des Orts, in dessen Bezirk das Grundstück belegen ist, und nur im Fall dieses die Uebertragung ablehnen sollte, einem andern Untergerichte zu übertragen, jedoch werden durch diese Uebertragung die Exemtions- und übrigen Rechtsverhältnisse der Grundstücke und ihrer Besitzer überall nicht verändert und bleibt denselben frei, die Uebertragung zu jeder Zeit aufzurufen.

§. 111.

Die Realjurisdiction über die von einem eximirten Landgut zu vollem Eigenthum oder Erbzins- oder Erbpachtsrechten abgetrennten Bestandtheile steht dem Gerichte des Guts zu, in dessen Bezirke das abgetrennte Grundstück belegen ist.

§. 112.

Ausnahmsweise sind solche Gutstheile (§. 111.) dem eximirten Gerichtsstande unterworfen:

1) wenn sie zu vollem Eigenthum veräußert werden und von einem solchen Umfange oder Werthe sind, wie ihn Rittergüter nach den Gesetzen über die Standschaft der Provinz bei freiwilligen Parzellirungen zur Bewahrung ihrer Ritterguts-Eigenschaft mindestens behalten müssen;
2) wenn bei einem geringeren Umfange oder Werth derselben der Erwerber in dem Erwerbungsvertrage die Absicht ausgesprochen hat, daraus oder in Verbindung mit andern bereits erworbenen oder noch zu erwerbenden Grundstücken ein Rittergut zu bilden, und demnächst durch eine von dem Könige vollzogene Urkunde dem solchergestalt gebildeten Grundbesitze die Eigenschaft eines Ritterguts oder die Gerechtsame beigelegt worden, welche zur Theilnahme an dem Stande der Ritterschaft befähigen;
3) wenn sie mit Zustimmung des Veräußerers und des Jurisdictions-Berechtigten einem eximirten Landgute einverleibt und auf den Antrag des Erwerbers diesem Gute in dem Hypothekenbuche zugeschrieben werden.

Fünfte Abtheilung.

Exemtion von der inländischen Gerichtsbarkeit.

§. 113.

Gegen die am Königlichen Hofe beglaubigten Gesandten, Minister-Residenten, Residenten und Geschäftsträger auswärtiger Mächte, so wie gegen die bei deren Missionen angestellten Beamten und die zu deren Gefolge und Dienerschaft gehörigen Personen, kann keine Klage bei inländischen Gerichten angebracht werden. Wer einen Anspruch an dieselben zu haben vermeint, muß dem Ministerium der auswärtigen Angelegenheiten davon Anzeige machen, oder sich deshalb an den Gesandten selbst wenden.

§. 114.

Ausgenommen hiervon sind die Realklagen; jedoch muß, wenn es sich nicht um eigentliche Realklagen handelt (§. 50.) und die obgedachten diplomatischen Beamten oder deren Ehefrauen selbst Besitzer des Grundstücks sind, vor Erlassung der Vorladung oder einer gerichtlichen Verfügung bei dem Ministerium der auswärtigen Angelegenheiten deshalb angefragt werden.

§. 115.

Diesseitige Unterthanen, welche im Dienste fremder, hierselbst residirender Gesandten und übrigen §. 113. gedachten diplomatischen Personen stehen, genießen für die Dauer dieses Dienstes dieselbe Befreiung von der einheimischen Gerichtsbarkeit.

§. 116.

Diesseitige Unterthanen weiblichen Geschlechts, welche sich mit den §. 113. gedachten diplomatischen Personen oder mit Personen ihres Gefolges verheirathen, gehen dadurch in den Gerichtsstand ihrer Ehemänner über. Bei den Ehefrauen der Hausoffizianten und Bedienten eines Gesandten tritt dieses aber nur dann ein, wenn entweder die Frau ebenfalls in den Diensten des Gesandten steht, oder wenn sie mit ihrem Ehemann in dem Hause desselben wohnt.

§. 117.

Die Wittwen der Gesandten und anderer diplomatischen Agenten und der Personen ihres Gefolges haben, wenn sie nach dem Tode ihrer Ehemänner in hiesigen Landen bleiben, weiter keinen Anspruch auf Befreiung von der hiesigen Gerichtsbarkeit.

§. 118.

Die Konsuln und andere nicht diplomatische Agenten auswärtiger Staaten sind in allen Rechtsangelegenheiten, Dienstsachen ausgenommen, den hiesigen Gerichten unterworfen; doch haben sie, wenn sie nicht Handel oder ein anderes Gewerbe treiben, ihren persönlichen Gerichtsstand bei demjenigen Obergerichte, in dessen Bezirke sie ihren Wohnsitz oder Aufenthalt haben.

§. 119.

Dasselbe gilt von diesseitigen Unterthanen, welche die Erlaubniß erhalten haben, ein Creditiv von einer fremden Regierung anzunehmen, in so fern diese Erlaubniß sie nicht zugleich von der diesseitigen Gerichtsbarkeit ausdrücklich entbindet.

Sechste Abtheilung.

Besonderer Gerichtsstand der Sache.

§. 120.

Ist gewissen Rechtsangelegenheiten oder Sachen wegen ihrer besonderen Beschaffenheit ein eigener Gerichtsstand angewiesen (forum speciale causae); so wird durch diesen in der Regel und, wenn in den darüber ergangenen Verordnungen nicht etwas Abweichendes bestimmt worden ist, der sonst bei den diesseitigen Ober= oder Untergerichten begründete, persönliche oder dingliche Gerichtsstand, mit Ausnahme jedoch der in den §§. 66—73. erwähnten Fälle eines außerordentlichen Gerichtsstandes, ausgeschlossen.

§. 121.

Die Gegenstände dieser Gerichtsbarkeit, so wie der Umfang derselben, sind durch die darüber ergangenen besonderen Verordnungen bestimmt.

Vierter Titel.

Von der Befugniß der Parteien, ihre Prozesse persönlich oder durch Sachwalter zu führen, imgleichen von Beiständen, Bevollmächtigten und Sachwaltern.

I. Freiheit der Parteien, ihre Prozesse selbst oder durch Sachwalter zu führen.

§. 122.

Den Parteien steht frei, ihre Prozesse in Person oder durch einen Sachwalt zu führen. Eben diese Befugniß steht denjenigen zu, welche berechtigt sind, anstatt der Partei als Kläger oder Beklagte den Prozeß zu führen (§. 133.)

§. 123.

Die Gerichte sind jedoch in dem einen, wie in dem andern Fall befugt, in jeder Lage des Prozesses das persönliche Erscheinen der Parteien zu verordnen, wenn besondere Gründe zu der Annahme vorhanden sind, daß dadurch die Aufklärung des Sachverhältnisses oder der Abschluß eines Vergleichs befördert werden wird.

§. 124.

Insbesondere kann das Gericht, wenn der Deputirte bei der Instruction der Sache wahrzunehmen glaubt, daß die

Sachwalter der Parteien mit der Wahrheit vorsätzlich zurückhalten oder die von ihnen geforderten Erklärungen zu umgehen oder die Thatsachen zu entstellen suchen, auf die Anzeige desselben die persönliche Vernehmung der Parteien über die, in der Verfügung anzugebenden Punkte verordnen.

§. 125.

Wohnt die Partei, welche persönlich erscheinen soll (§§. 123 und 124.), vom Sitze des Gerichts so entfernt, daß ihre Reise dahin einen unverhältnißmäßigen Kostenaufwand erfordern würde; so ist deren Vernehmung durch den Richter ihres Wohnorts zu veranlassen.

II. Persönliche Führung des Prozesses.

A. Befugniß zu derselben.

§. 126.

Die Prozesse können sowohl von der Partei selbst als von deren Vertretern, Vorstehern und Bevollmächtigten und allen denjenigen, welche die Rechte derselben in Prozessen wahrzunehmen haben (§§. 10 — 26.), sowohl in den Terminen, als außerhalb derselben geführt werden, ohne daß es der Zuziehung eines Sachwalts bedarf.

§. 127.

Diese Personen sind den persönlich auftretenden Parteien in Ansehung der Prozeßführung gleich zu achten und haben in derselben mit ihnen gleiche Rechte und Pflichten.

1. Vormünder und Curatoren.

§. 128.

Dahin gehören insonderheit Vormünder und Curatoren innerhalb der Gränzen ihrer Bestallung.

2. Oeffentliche Beamte.

§. 129.

Oeffentliche Beamte sind in Ansehung der ihrer Verwaltung übertragenen Angelegenheiten ebenfalls dazu befugt, müssen sich aber hierzu gehörig legitimiren.

§. 130.

Auch die Dominial-, Rent- und Verwaltungsbehörden oder Beamte der vormals reichsunmittelbaren Standesherren können für dieselben in den mit ihren Dominial-Pächtern, Abgabe- oder Dienstpflichtigen, Schuldnern und Gläubigern habenden Rechtsstreitigkeiten als Haupt- oder Nebenparteien gerichtlich auftreten und bedürfen hierzu keiner besonderen Legitimation, wenn die Behörde ein standesherrliches Collegium bildet, oder der Einzelne für sein Amt gehörig verpflichtet ist.

3. Vorsteher und Abgeordnete der Corporationen oder Gemeinden.

§. 131.

Will eine Corporation oder Gemeinde den Prozeß selbst führen; so kann dies entweder durch ihre Vorsteher oder durch Abgeordnete aus ihrer Mitte geschehen. Es genügt, wenn dazu nur einer der Vorsteher oder nur ein Abgeordneter bestellt ist; dagegen dürfen ihrer in beiden Fällen nicht mehr als drei auftreten.

4. Generalbevollmächtigte.

§. 132.

Ein zur Betreibung aller Angelegenheiten oder wenigstens aller, bestimmte Güter, Verhältnisse oder andere Gegenstände betreffenden Angelegenheiten bestellter Generalbevollmächtigter ist, auch wenn die Generalvollmacht nur auf alle Rechtsangelegenheiten beschränkt ist, gleich dem Mandanten, zur eigenen Führung der Prozesse in den gedachten Angelegenheiten befugt.

5. Vermuthete Bevollmächtigte.

§. 133.

Eben diese Befugniß steht auch denjenigen zu, welche wegen ihrer persönlichen Verhältnisse oder ihres gemeinschaftlichen Interesses nach Vorschrift der Gesetze die Vermuthung einer Vollmacht von Seiten derer, für welche sie auftreten, für sich haben.

§. 134.

Die in den §§. 127 — 131. gedachten Personen müssen nach näherer Vorschrift der Bestimmungen im Thl. II. §§. 4 und 5. sich legitimiren.

§. 135.

Wer als Bevollmächtigter eines Andern vor Gericht erscheint oder verhandelt, muß sich durch eine schriftliche Vollmacht dazu legitimiren.

§. 136.

Bei einer vermutheten Vollmacht (§. 133.) muß zwar derjenige, der sie für sich hat, ohne deren vorgängige Vorlegung zu den Verhandlungen zugelassen und auf dessen Antrag verfügt werden, in so fern er sich zur Nachbringung der Vollmacht oder der Genehmigung der Partei erbietet, zu welcher das Gericht ihm eine angemessene Frist zu bestimmen hat, nach deren fruchtlosem Ablauf ist aber die erfolgte Verhandlung für nicht geschehen zu erachten und die erlassene Verfügung sofort aufzuheben und bleibt der Bevollmächtigte dem Gericht und dem Gegentheil für Kosten und Schäden verhaftet, mit Vorbehalt jedoch des Regresses an seinen Machtgeber, wenn dieser die Schuld trägt.

B. Befugnisse bei der persönlichen Führung des Prozesses.

§. 137.

Es steht den Parteien, welche den Prozeß persönlich führen und vor Gericht auftreten, frei, sich hierbei eines Rechtsbeistandes zu bedienen, bei dessen Wahl sie nicht auf Justizcommissarien beschränkt sind.

§. 138.

Außerdem steht es einer jeden Partei frei, neben dem Rechtsbeistande auch andere Personen, zu welchen sie ein besonderes Vertrauen hat, und von welchen sie, entweder wegen der ihnen beiwohnenden genaueren Bekanntschaft mit den im Prozesse vorkommenden Thatsachen, oder in Fällen, in welchen es auf eine Sach= oder Kunstkenntniß ankommt, wegen solcher bei ihnen anzutreffenden Kenntnisse, einen vorzüglichen Beistand erwartet, mit zu den gerichtlichen Terminen zu bringen. Der Deputirte des Gerichts hat zwar, sowohl die Rechts= als die andern Beistände auf Verlangen der Partei mit ihren Erklärungen zu hören, übrigens aber darauf zu halten, daß sie innerhalb der Gränzen ihres Berufes bleiben, die Aufklärung der Sache befördern, ihr aber auf keine Weise hinderlich sind.

C. Beschränkungen.

§. 139.

In den, bei einem Obergericht schwebenden Prozessen muß eine Partei, welche den Prozeß selbst führt, am Orte des Gerichts aber ihren beständigen Aufenthalt nicht hat, auch wenn sie die Termine persönlich abwartet, einen dort wohnenden, bei dem Gericht zur Praxis zugelassenen Justizcommissarius zum Procurator bestellen, um für sie die Vorladungen und anderen Verfügungen des Gerichts in Empfang zu nehmen, ihre Eingaben an das Gericht zu befördern und überhaupt den Betrieb der Sache zwischen den Terminen zu besorgen; die Partei muß daher alle für das Gericht bestimmten schriftlichen Eingaben dem Procurator übersenden und dieser sie mit seiner Namensunterschrift versehen und schleunigst an das Gericht befördern.

§. 140.

Eine Partei, welche nicht an dem Orte wohnt, wo das Gericht seinen Sitz hat, kann, wenn sie ihren Prozeß in Person führt, an Reise= und Versäumnißkosten von ihrem Gegner nicht mehr ersetzt verlangen, als dieser zu ersetzen gehabt haben würde, wenn sie den Prozeß durch einen Sachwalter hätte führen lassen.

III. Führung des Prozesses durch einen Sachwalt und von Sachwaltern.

1. Bestellung eines Sachwalts.

§. 141.

Will die Partei oder deren Vertreter (§§. 127 ff.) den Prozeß nicht in Person, sondern durch einen Sachwalt führen; so muß sie denselben aus den bei dem Gerichte, bei welchem der Prozeß schwebt, oder anhängig gemacht werden soll, zur Praxis zugelassenen Justizcommissarien wählen.

§. 142.

Es steht jedoch der Partei frei, den in der ersten Instanz gehabten Sachwalt auch für die Appellations=Instanz, obgleich er bei dem Appellationsgericht nicht angestellt ist, als Sachwalt beizubehalten, jedoch muß sie ihn durch eine neue Vollmacht legitimiren und, wenn derselbe nicht an dem Sitze des Appellationsgerichts wohnt, an demselben einen besondern Procurator (§. 139.) bestellen.

§. 143.

Beim Mangel an Bekanntschaft oder aus andern Gründen kann eine Partei bei dem Gericht darauf antragen, daß ihr von Amtswegen ein Sachwalt zugeordnet werde, und hat das Gericht denselben aus den bei ihm angestellten Justizcommissarien oder geübten Referendarien zu bestellen.

§. 144.

Bei Gerichten, bei welchen es an Justizcommissarien fehlt, kann die Partei jeden unbescholtenen, geschäftskundigen, am Orte des Gerichts wohnhaften Mann zum Procurator (§. 142.) bestellen.

§. 145.

Mehrere Parteien, welche ein gleiches Interesse haben, sind verbunden, einen gemeinschaftlichen Sachwalt zu wählen, widrigenfalls sie auf den Ersatz des Mehrbetrags der Kosten, welcher durch die Bestellung verschiedener Sachwalter verursacht worden ist, keinen Anspruch haben.

2. Vollmacht.

§. 146.

Die Partei muß den Sachwalt zur Führung des Prozesses auch durch eine gehörige Vollmacht bevollmächtigen.

a. Form und Inhalt der Prozeßvollmacht.

§. 147.

Die Vollmacht muß in Ansehung der Form nach den Vorschriften der Gesetze über Form der Verträge überhaupt und der Vollmachten insbesondere abgefaßt sein und enthalten:

1) den Namen, Stand und Wohnort des Bevollmächtigten;
2) den Namen, Stand und Wohnort des Gegentheils;
3) den Gegenstand des Rechtsstreits;
4) das Gericht, bei welchem der Prozeß anhängig gemacht werden soll oder schwebt;
5) den Auftrag, alles dasjenige vorzunehmen, was die Gerichte von einem im Namen einer abwesenden Partei erscheinenden Bevollmächtigten im Prozesse zu fordern berechtigt sind.

Will die Partei einzelne prozessualische oder andere den Rechtsstreit betreffende Handlungen dem Sachwalt nicht überlassen, sondern sich oder wenigstens einer besondern Vollmacht vorbehalten; so sind diese Beschränkungen in der Vollmacht selbst ausdrücklich zu bemerken. (§§. 150 ff.) Sie muß datirt und von dem Aussteller mit Vor- und Zunamen und unter Beifügung seines Amtes oder Gewerbes unterzeichnet sein.

b. Von mangelhaften Vollmachten.

§. 148.

Fehlt es der Vollmacht an den §. 147. gedachten Erfordernissen; so muß dieselbe dem Sachwalt zur Verbesserung des Mangels, unter Bestimmung einer angemessenen Frist, zurückgegeben werden. Inzwischen kann der Sachwalt dennoch zugelassen werden, wenn die Vollmacht nur die wesentlichen Bedingungen eines gültigen Vollmachtsauftrages enthält. Das Gericht hat in diesem Falle nach der Bestimmung des §. 136. zu verfahren.

§. 149.

Eine Partei, welche Zweifel gegen die Echtheit einer unbeglaubigten Vollmacht hegt, kann darauf antragen, daß dieselbe dem Aussteller zur Anerkennung vorgelegt werde. Dies geschieht jedoch, wenn der Zweifel sich als unbegründet darstellt,, auf ihre Kosten, und darf dadurch der Fortgang des Prozesses nicht unterbrochen werden; es wäre denn, daß zugleich mehrere Umstände angeführt und bescheinigt wären, welche die Unrichtigkeit der Vollmacht wahrscheinlich machten.

c. Umfang der in der Vollmacht enthaltenen Befugnisse.

§. 150.

Eine ohne Einschränkung ertheilte Vollmacht ermächtigt den Sachwalt zu allen Handlungen und Erklärungen, welche im Prozesse vorkommen können und zu welchen nach Vorschrift der Gesetze eine Spezialvollmacht nicht erfordert wird.

§. 151.

So weit der Sachwalt die Grenzen seiner Vollmacht nicht überschreitet, sind die Handlungen und Erklärungen desselben, auch wenn er sich dabei Versehen hat zu Schulden kommen lassen, für den Machtgeber verbindlich und ist letzterer nicht berechtigt, solche Handlungen anzugreifen oder zu widerrufen, oder deshalb Ansprüche an den Gegentheil zu machen, sondern es steht ihm nur der Regreß an den Sachwalt zu.

Dasselbe gilt von Ueberschreitungen derjenigen, die Prozeßvollmacht beschränkenden Vorschriften und Instructionen, welche der Machtgeber dem Sachwalt ertheilt hat, welche aber der ausgestellten Prozeßvollmacht nicht ausdrücklich beigefügt sind. (§. 147.)

§. 152.

Der Sachwalt ist vermöge der Prozeßvollmacht befugt, den Machtgeber nicht allein in der Hauptsache, sondern auch in allen mit derselben im Zusammenhange stehenden Nebenverhandlungen, insonderheit bei Subhastationen und Interventionen und bei Vollstreckung des Urtheils zu vertreten.

§. 153.

Der zum Prozeß über die Klage bevollmächtigte Sachwalt bedarf keiner neuen Vollmacht zur Verhandlung über die Widerklage, in so fern letztere nach den unten folgenden Bestimmungen in Einem Prozesse mit der Klage erörtert und entschieden wird.

§. 154.

Imgleichen ist der in einem Concurs-Prozesse zur Wahrnehmung der Gerechtsame eines Gläubigers überhaupt bevollmächtigte Sachwalt hierdurch, sowohl gegen den Curator der Masse, als gegen jeden Mitgläubiger, hinreichend legitimirt.

§. 155.

Dagegen genügt die zur Verhandlung in der Possessorien-Sache ertheilte Vollmacht nicht als Vollmacht für den nachfolgenden Prozeß über die Hauptsache.

§. 156.

Der zum Prozeß bevollmächtigte Sachwalt ist befugt, zu den vorkommenden einzelnen Prozeßhandlungen sich im Verhinderungsfalle einen Andern, der jedoch zur Vertretung der Partei nach dem Obigen (§§. 141 und 142.) geeignet sein muß, zu substituiren, in so fern nicht das Gegentheil in der Vollmacht bestimmt worden ist.

Der Sachwalt haftet jedoch für den Substituten nach Vorschrift der Gesetze.

d. Erlöschung der Prozeßvollmacht

aa. durch den Tod und eingetretene Unfähigkeit des Bevollmächtigten.

§. 157.

Die Prozeßvollmacht erlöscht durch den Tod und durch eingetretene Unfähigkeit des Bevollmächtigten; dagegen wird sie durch den Tod des Machtgebers nicht aufgehoben, sondern geht auf dessen Erben oder Nachfolger über.

Wie in beiden Fällen zu verfahren, ist unten im Titel von der Wiederaufnahme des Prozesses bestimmt.

bb. Durch Widerruf.

§. 158.

Der Machtgeber kann die Vollmacht zu jeder Zeit widerrufen; es muß aber der Widerruf sowohl dem Gerichte, als Bevollmächtigten angezeigt werden.

Will der Machtgeber den Prozeß nicht persönlich fortsetzen; so ist er gehalten, einen andern Sachwalt so zeitig zu bestellen, daß der Lauf des Verfahrens nicht unterbrochen wird. Versäumt er dies; so wird der Prozeß mit ihm selbst fortgesetzt und, in so fern er abwesend, und seinerseits Niemand zum Betriebe der Sache zwischen den Terminen bestellt ist, die Insinuation der Verfügungen an ihn auf die im §. 175. nachgelassene Weise beschafft.

§. 159.

Auch der Bevollmächtigte kann die Vollmacht aufkündigen, jedoch darf die Kündigung nicht zur Unzeit geschehen.

§. 160.

Sie ist für unzeitig zu achten, wenn sie während des Laufs einer Instanz geschieht. Der Sachwalt muß in diesem Falle den Prozeß, der Kündigung ungeachtet, bis zum Schlusse der Instanz fortführen, in so fern ihn der Machtgeder nicht früher selbst übernimmt, oder einen andern Bevollmächtigten bestellt.

7. Von der Bestellung der Procuratoren.

§. 161.

Die, in den §§. 141—160. enthaltenen Bestimmungen sind auch auf die am Orte des Gerichts zu bestellenden Procuratoren (§§. 139 und 142.) anwendbar.

8. Allgemeine Grundsätze.

§. 162.

Nähere Bestimmungen über die Verhältnisse zwischen den Mandanten und ihren Bevollmächtigten sind in der Gerichtsordnung enthalten und treten in deren Ermangelung die Grundsätze des Auftragvertrags ein.

Fünfter Titel.

Von der Abfassung und Insinuation richterlicher Verordnungen.

I. Von Abfassung der Verordnungen.

§. 163.

Die Vorladungen, so wie alle gerichtlichen Vorladungen im Prozesse, müssen in der Geschäftssprache des Gerichts deutlich und verständlich abgefaßt sein; sie müssen die Personen, an welche sie gerichtet sind, nach Namen, Stand oder Gewerbe, und nach der Eigenschaft, in welcher dieselben vor Gericht erscheinen sollen, imgleichen den Ort, wohin die Verordnung ergehet, genau bezeichnen, dasjenige, was der Verordnung gemäß geschehen soll, bestimmt vorschreiben, und die Nachtheile ausdrücklich angeben, welche die Nichtbefolgung derselben nach sich zieht. Nur bei Parteien, welche mit einem Sachwalt versehen sind, oder denen vom Gerichte ein Referendarius zugeordnet worden ist, darf auf die gesetzlichen Rechtsnachtheile, ohne deren ausdrückliche Angabe, Bezug genommen werden.

Außer diesem Falle kann gegen eine Partei kein Nachtheil festgesetzt werden, welcher derselben in der Verordnung nicht ausdrücklich bekannt gemacht worden ist.

§. 164.

Wenn ein öffentlicher Beamter außerhalb seines Wohnorts vor Gericht geladen wird; so ist die unmittelbar vorgesetzte Behörde desselben davon bei der Vorladung in Kenntniß zu setzen.

II. Von der Real-Citation.

§. 165.

Die Abholung eines Vorgeladenen durch den Gerichtsboten und die Gestellung desselben vor den Richter findet in Civil-Prozessen nur in so fern Statt, als die Gesetze diese Real-Citation in besonderen Fällen ausdrücklich gestatten.

III. Von der Insinuation.

Allgemeine Vorschrift.

§. 166.

Wer gegen Jemand eine Vorladung ausbringen will, hat über diejenigen Verhältnisse, von welchen es nach den unten folgenden Vorschriften abhängt, durch wen, wo und an wen die Insinuation zu bewirken ist, genaue Erkundigungen einzuziehen, und die gesetzlich hiernach zulässige Art der Insinuation zu beantragen, widrigenfalls er es sich selbst beizumessen hat, wenn durch die Unbekanntschaft des Gerichts mit diesen Verhältnissen Weiterungen und Nachtheile für ihn entstehen.

VI. Vollziehung der Insinuation.

1. wenn der Vorzuladende im Bezirke des Gerichts sich aufhält.

§. 167.

Befindet sich derjenige, welchem die Vorladung zugestellt werden soll, im Bezirke des Gerichts; so geschieht die Zustellung durch einen bei diesem Gerichte angestellten Gerichtsboten.

Den Obergerichten bleibt gleichwohl vorbehalten, die Insinuation einem Untergerichte aufzutragen.

2. wenn er sich innerhalb Landes, aber außerhalb des Gerichts-Bezirkes befindet.

§. 168.

Befindet sich derjenige, welchem die Vorladung zugestellt werden soll, außerhalb des Gerichtsbezirkes, jedoch in den Königlichen Landen; so hat das Gericht, welches die Vorladung erlassen hat, das Gericht des Aufenthaltsortes des Vorzuladenden um deren Insinuation und um Einsendung der Bescheinigung hierüber zu ersuchen.

§. 169.

Die Gerichte sind schuldig, dergleichen Requisitionen unweigerlich nachzukommen.

Findet jedoch das requirirte Gericht, daß die Sache zu seiner eigenen Cognition gehört und mithin die Ladung einen Eingriff in seine Gerichtsbarkeit enthält; so ist hiervon dem vorgesetzten Obergerichte und, wenn das requirirte und das requirirende Gericht unter verschiedenen Obergerichten stehen, oder der Fall bei diesen vorkommt, dem Justiz-Ministerium Anzeige zu machen, damit alsdann nach Vorschrift der §§. 66 und 67. verfahren werde.

3. wenn er im Auslande wohnt.

§. 170.

Wohnt der Vorzuladende im Auslande und zwar in einem der deutschen Bundesstaaten; so geschieht die Insinuation durch Requisition des auswärtigen Gerichts, welchem derselbe für seine Person unterworfen ist, wobei die Gerichte sich nach den mit einzelnen Bundesstaaten getroffenen Abkommen und den darüber ergangenen Verordnungen zu achten haben. Im Falle die auswärtige Behörde die Insinuation verweigert; so ist hiervon dem Justiz-Ministerium Anzeige zu machen, um den Anstand zu beseitigen. Kann aber so wenig auf diesem, wie auf dem ersteren Wege, die Insinuation und die Einsendung der Bescheinigung darüber erwirkt werden; so hat das Gericht die Vorladung der Person, an welche sie gerichtet ist, durch die Post zu übersenden und soll alsdann die Bescheinigung des Postamts über den Abgang derselben zum Beweise der Insinuation genügen.

§. 171.

Wohnt der Vorzuladende in einem fremden, zum deutschen Bunde nicht gehörigen Staate; so ist die Insinuation durch die Königliche Gesandtschaft oder den Consul in dem fremden Staate zu erwirken und ihnen zu dem Ende die Vorladung, nach den darüber bestehenden Anweisungen, entweder unmittelbar oder durch Mitwirkung des Ministeriums der auswärtigen Angelegenheiten, von dem Gerichte zu übersenden.

Wenn aber entweder die Landesbehörden die Annahme und Beförderung solcher Vorladungen an die Interessenten ablehnen, oder letztere selbst die Annahme derselben oder die Ausstellung einer Empfangsbescheinigung darüber verweigern; so soll die Bescheinigung der diesseitigen Gesandtschaft oder des diesseitigen Consulats über die erfolgte Insinuatoin oder über die Absendung der Vorladung durch die Post an den Betheiligten als gültige und genügende Insinuation angesehen werden.

§. 172.

Die Vorladungen, welche von hiesigen Gerichten an Königliche, in auswärtigen Staaten befindliche Gesandten, Residenten oder Geschäftsträger und zur Gesandtschaft gehörige Personen oder Consuls erlassen werden, müssen an das Ministerium der auswärtigen Angelegenheiten eingesandt werden, welches das von dem Vorgeladenen zu erfordernde Empfangsbekenntniß dem Gerichte zu übermachen hat.

§. 173.

Den Requisitionsschreiben muß in allen vorstehend (§§. 168—172.) gedachten Fällen die von dem Gerichte erlassene Vorladung nebst ihren Beilagen entweder offen oder zugleich eine Abschrift davon beigefügt werden.

V. Allgemeine Vorschriften.

§. 174.

Was in den §§. 166 — 173. von der Insinuation der Vorladungen verordnet ist, gilt auch von der Zustellung anderer gerichtlichen Verfügungen, in beiden Fällen jedoch nur so lange, als sich die Partei durch Einreichung der Klage oder auf die an sie ergangene Ladung noch nicht gemeldet hat.

1. Insinuation durch die Post.

§. 175.

Hat sich aber die Partei, es sei als Kläger oder Beklagter, bei Gericht gemeldet; so können alle ferneren Verordnungen an dieselbe, im Fall sie nicht am Orte des Gerichts selbst wohnt, dem bei demselben bestellten Sachwalt oder Bevollmächtigten insinuirt, wenn aber solche Bevollmächtigte nicht bestellt sind, der Partei durch die Post übermacht werden, und genügt in letzterem Fall das Attest des Postamts über den Abgang der Verordnung als Bescheinigung der Insinuation.

2. Zeit der Insinuation.

§. 176.

Eine Insinuation darf nicht an einem Sonntage oder gesetzlichen Feiertage desjenigen, dem sie geschieht, bewirkt werden, ausgenommen, wenn der Gerichtsbote in schleunigen Fällen hierzu vom Gerichte ausdrücklich angewiesen worden ist. Die Uebertretung dieses Verbots bewirkt zwar keine Nullität, jedoch trifft den demselben zuwider handelnden Gerichtsboten eine Ordnungsstrafe.

3. Wo und an wen sie geschehen muß.

§. 177.

Die Vorladungen und andere gerichtliche Verordnungen müssen denjenigen, an welche sie gerichtet sind, in ihrer Wohnung oder in ihrem Geschäftszimmer, wenn dasselbe sich in ersterer nicht befindet und sie in jener nicht angetroffen werden, zugestellt werden. Findet der Gerichtsbote weder in dem einen, noch in dem andern Lokale denjenigen, dem die Insinuation geschehen soll, persönlich vor; so kann er die gerichtliche Verfügung den erwachsenen Angehörigen oder den Dienstboten desselben zurücklassen. Ist auch von diesen Personen Niemand anzutreffen; so muß die Insinuation an den Hauswirth geschehen.

4. Wenn die Partei einen Bevollmächtigten bestellt hat.

§. 178.

Hat die Partei einen Bevollmächtigten bestellt, oder am Orte des Gerichts Jemanden mit der Empfangnahme gerichtlicher Vorladungen oder Verordnungen beauftragt; so muß, sobald das Gericht hiervon in Kenntniß gesetzt worden ist, die Zustellung diesem geschehen.

5. Wenn die Partei ihren Wohnsitz verlegt hat.

§. 179.

Ist kein Bevollmächtigter und keine der im §. 177. gedachten Personen vorhanden, an welche die Zustellung, wenn der Vorzuladende persönlich nicht angetroffen wird, geschehen kann; so ist über des Letztern Aufenthalt, erforderlichenfalls bei der Ortspolizeibehörde, Erkundigung einzuziehen. Ergiebt sich hiernach, daß derselbe in dem nämlichen Gerichtsbezirke einen andern Wohnsitz oder Aufenthalt genommen hat; so ist die Insinuation an ihn dort zu bewirken. Hat er aber seinen Wohnsitz in einem andern Gerichtsbezirke genommen; so geschieht die Zustellung, wenn der im §. 175. gedachte Fall vorliegt, durch die Post, widrigenfalls aber, in so fern nicht der Beklagte durch die Verlegung seines Wohnsitzes vor Zustellung der Klage in einen andern Gerichtsstand übergegangen und deshalb die Klage dorthin zu verweisen ist, die Zustellung an dem Aufenthaltsorte des Beklagten auf dem in den §§. 168—171. angegebenen Wege der Requisition.

6. Wenn die Partei auf längere Zeit von ihrem Wohnorte abwesend ist.

§. 180.

In gleicher Art (§. 179.) ist zu verfahren, wenn der Vorzuladende ohne einen Bevollmächtigten oder eine Person, an welche die Zustellung nach §. 177. geschehen kann, zurückzulassen, auf längere Zeit von seinem Wohnorte dergestalt abwesend ist, daß es zweifelhaft bleibt, ob er vor dem anstehenden Termin dahin zurückkehren werde. Außer diesem Falle ist die Rückkehr des Vorzuladenden abzuwarten und alsdann die Insinuation an ihn zu bewirken.

§. 181.

Die im §. 177. gedachten Personen können, wenn der Vorzuladende persönlich nicht angetroffen wird, die Annahme der Vorladung für den Letzteren nicht ablehnen, es sei denn, daß derselbe als Beklagter zuerst vorgeladen wird, und alsdann entweder seine Wohnung schon verlegt hat, oder auf längere Zeit von Hause abwesend ist, so daß dessen Rückkehr vor dem Klagebeantwortungstermin zweifelhaft bleibt. Erfolgt die Ablehnung aus einem dieser Gründe; so ist dann ebenfalls, sofern keine Aenderung des Gerichtsstandes vorliegt, die Zustellung durch Requisition (§§. 168—171.) zu bewirken.

7. Wenn der Aufenthalt der Partei unbekannt ist.

§. 182.

Ist nach den vorstehenden Bestimmungen (§§. 177—181.) die Zustellung im Wege der Requisition oder durch die Post erforderlich, diese aber, weil der Aufenthalt des Vorzuladenden unbekannt ist, nicht auszuführen; so geschieht die Insinuation an den Vormund oder den ihm nach §. 47. zum Betrieb der Sache zu bestellenden Curator, deren pflichtmäßigem Ermessen

4*

es überlassen bleibt, den Abwesenden, neben seiner Vertretung, durch die öffentlichen Blätter zur eigenen Wahrnehmung seiner Rechte aufzufordern, und die Prorogation des Termins in den gesetzlich gestatteten Fällen (§. 203.) nachzusuchen.

8. Insinuation an Verwalter und an Pächter ganzer Landgüter.

§. 183.

Verwalter ländlicher Grundstücke und Pächter ganzer Landgüter, imgleichen Verwalter, nicht aber Miether von Wohnhäusern, sind die an ihre Verpächter und Prinzipale gerichteten Vorladungen und andere grichtliche Erlasse, welche das Landgut oder unter ihrer Verwaltung stehende Wohnhaus betreffende dingliche, oder die im §. 50. gedachten Klagen zum Gegenstande haben, und im dinglichen Gerichtsstande ausgebracht worden sind, zur Weiterbeförderung an den Vorzuladenden anzunehmen verbunden, und hat diese an sie erfolgte Insinuation für den Vorzuladenden verbindende Kraft. Wohnen sie aber mit diesem in einem und demselben Ober-Landesgerichtsbezirk; so muß die Insinuation an ihn unmittelbar geschehen.

9. an Personen höhern Standes.

§. 184.

Vorladungen, welche an Fürsten und andere Personen höhern Standes ergehen, die ihre eigenen Behörden haben, müssen diesen Behörden zugestellt werden.

10. an Behörden, welche den Fiskus vertreten.

§. 185.

Gerichtliche Erlasse an Königliche Behörden in Prozessen, in welchen sie den Fiskus vertreten, sind dem Vorsitzenden der Behörde oder dem, die fiskalische Station vertretenden Beamten zu insinuiren.

§. 186.

Muß hiernach bei Klagen gegen den Fiskus die Vorladung an Behörden oder Beamte geschehen, welche keine Provinzialbehörde bilden; so ist die Klage der vorgesetzten Provinzialbehörde, oder in deren Ermangelung, der vorgesetzten Centralbehörde, zugleich zur Nachricht abschriftlich mitzutheilen.

11. an Corporationen und Gemeinden.

§. 187.

Erlasse an Gesellschaften, Corporationen, Gemeinden, Kirchen, Schulen, milde Stiftungen und andere öffentliche Anstalten werden den Vorstehern derselben zugestellt.

Sind deren mehrere; so bedarf es dennoch nur Einer Vorladung und der Zustellung an Einen derselben. Hat der Vorsteher selbst die Vorladung ausgebracht; so geschieht die Zustellung seinem Stellvertreter oder dem Nächsten nach ihm.

§. 188.

Die Vorschrift des §. 186. wegen nachrichtlicher Mittheilung der Klage an die Regierung ist auch hier zu befolgen, wenn die Vorladung an Vorsteher der Kirchen oder anderer in ihrer Vermögensverwaltung der Aufsicht der Regierung unterworfenen Stiftungen und öffentlichen Anstalten erlassen wird.

12. an Vormünder und Curatoren.

§. 189.

Ist eine Vorladung an mehrere Vormünder oder Curatoren zugleich gerichtet; so ist es hinreichend, wenn dieselbe nur Einem derselben, welcher die übrigen davon zu benachrichtigen hat, insinuirt wird.

Abschrift der Klage ist dem vormundschaftlichen Gerichte zur Nachricht mitzutheilen, wenn dasselbe ein verschiedenes Collegium von dem vorladenden Gerichte bildet.

13. an Unteroffiziere und Soldaten.

§. 190.

Wenn Unteroffiziere oder die mit ihnen in gleichem Range stehenden Militairpersonen und Soldaten, welche sich im activen Dienste befinden, vorgeladen werden; so ist die Vorladung dem Compagnie- oder Escadron-Chef einzuhändigen, welcher dieselbe dem Vorzuladenden zuzustellen und darüber dem Gericht eine Bescheinigung zu übersenden hat.

14. an mehrere Interessenten.

§. 191.

Sind mehrere Beklagte oder Interessenten, welche im Bezirke desselben Gerichts wohnen, vorzuladen, ehe sie mit einem gemeinschaftlichen Bevollmächtigten versehen sind; so kann dies zwar in Einer Vorladung geschehen, doch muß einem Jeden von ihnen, unter Vorzeigung des Originals, eine Abschrift derselben und ihrer Beilagen zugestellt werden. In so fern aber die Mittheilung der Beilagen, insonderheit einer mit Urkunden begleiteten oder gegen viele Interessenten gerichteten Klage, an einen jeden Beklagten einen unverhältnißmäßigen Aufwand an Zeit und Kosten erfordern würde; so bleibt dem Gerichte überlassen, dieselben nur einem oder einigen der Interessenten mitzutheilen, die übrigen aber in ihrer Vorladung darauf ausdrücklich hinzuweisen. In so fern jedoch unter den vorzuladenden, mehreren Interessenten sich Personen höheren Standes befinden, müssen dieselben besonders vorgeladen werden. (Besonderer Theil §. 163.)

15. an mehrere Erben.

§. 192.

Ist eine Ladung an mehrere Erben gerichtet und die Erbschaft noch ungetheilt; so geschieht die Insinuation im Sterbehause, in so fern ein Erbe darin seinen Aufenthalt hat. Außer diesem Falle ist auch hier nach dem §. 191. zu verfahren.

V. Bescheinigung der Insinuation.

§. 193.

Der Gerichtsbote, welcher die Insinuation verrichtet, hat darüber ein Document aufzunehmen, welches eine genaue Angabe enthalten muß

1) des Orts, wo sie geschehen ist;
2) der Person, welcher, so wie ihres Verhältnisses zum Vorzuladenden, wenn der Gerichtsbote diesen nicht selbst antraf und
3) des Tages, Monats und Jahres, an welchem die Insinuation geschehen ist.

Dieses Document ist unter der, dem Gerichtsboten zu dem Ende mitzugebenden, Abschrift und im Falle des §. 191. unter dem Original der Vorladung zu vermerken und von dem Gerichtsboten, so wie von demjenigen, welchem die Vorladung eingehändigt worden, zu unterzeichnen. Ist Letzterer des Schreibens unfähig oder weigert er die Unterschrift, so muß dieses von dem Gerichtsboten gleichfalls bemerkt werden.

Folgen einer mangelhaften Insinuation oder Bescheinigung.

§. 194.

Geschieht die Zustellung anderen, als den hier oben (§§. 177—192.) genannten Personen, oder fehlt es dem Insinuationsdocumente an den im §. 193. vorgeschriebenen Erfordernissen; so darf gegen denjenigen, welcher ausbleibt oder der Verordnung kein Genüge leistet, der für diesen Fall angedrohete Nachtheil nicht eintreten, sondern das Gericht muß die Verbesserung des Mangels auf Kosten desjenigen, der das Versehen begangen hat, verfügen. In wie fern bei Zuwiderhandlungen gegen diese Vorschrift die weiteren Verhandlungen als nichtig angefochten werden können, ist unten vorgeschrieben.

Beweiskraft des Insinuations-Documents.

§. 195.

Ein mit den gesetzlichen Erfordernissen versehenes Insinuations-Document eines vereideten Gerichtsboten beweist vollständig, jedoch mit Vorbehalt des Gegenbeweises.

Sechster Titel.

Von Terminen, Fristen, Prorogationen, Prozeßschriften und Protokollen.

§. 196.

Die in diesem Titel enthaltenen Bestimmungen gelten für alle Prozeßverhandlungen, in so fern nicht für einzelne Verhandlungen etwas Abweichendes vorgeschrieben worden ist.

I. Termine und Fristen.

§. 197.

Die Termine und Fristen sind nach richterlichem Ermessen, mit Rücksicht auf die größere oder geringere Entfernung der Parteien vom Sitze des Gerichts und auf die Weitläuftigkeit und Wichtigkeit des Gegenstandes so zu bestimmen, daß die Parteien hinreichende Zeit haben, ohne Uebereilung auf dasjenige, was im Termin verhandelt oder innerhalb der Frist erledigt werden soll, vollständig und gründlich sich vorzubereiten und einzurichten und das, was sie leisten sollen, zu leisten.

§. 198.

In so fern hiernach keine Gründe zur Bestimmung einer kürzeren oder längeren Frist vorliegen, oder die Gesetze nicht die eine oder andere vorschreiben, sind die Fristen und Termine in der Regel so zu bestimmen, daß der vorzuladenden Partei eine Frist von vier Wochen, von dem Tage der Insinuation der Vorladung an gerechnet, zu ihrer Vorbereitung frei bleibt.

§. 199.

Die Termine dürfen, außer in den dringendsten, einen Aufschub durchaus nicht zulassenden Fällen, nicht an Sonn- und Feiertagen und für Bekenner geduldeter Religionsgesellschaften auch nicht an deren Sabbat-, Fest- und Bußtagen angesetzt werden.

Sie sind, wenn aus besondern Gründen in der Vorladung kein anderer Ort bestimmt wird, an der Gerichtsstelle und zu der in der Vorladung bestimmten Stunde abzuwarten.

§. 200.

Wer länger als eine Stunde auf sich warten läßt, muß, wenn dadurch der Termin vereitelt wird, oder die Verhandlung deshalb unbeendigt bleiben muß, allemal die Kosten dieses Termins allein tragen und die vergeblich erschienenen Personen entschädigen.

Der auf den Fall des Ausbleibens im Termin bestimmte Nachtheil kann aber nur eintreten, wenn die Partei zu dem auf den Vormittag anberaumten Termin nicht bis um zwölf Uhr und, falls derselbe am Nachmittage anstand, nicht bis um fünf Uhr sich gemeldet hat.

§. 201.

Andere Fristen, außer den Terminen, sind für versäumt anzunehmen, wenn von dem Tage, an welchem die Verfügung zugestellt wurde, an gerechnet, ausschließlich dieses Tages, die bestimmte Frist abgelaufen ist, und auch an dem nächsten Tage darauf die Verfügung nicht erledigt worden ist. Kann jedoch die Partei bescheinigen, daß es ihr aus genügenden Ursachen unmöglich war, die bestimmte Frist inne zu halten; so ist die von ihr eingereichte Schrift noch so lange anzunehmen, als die wegen ihres Ausbleibens erlassene Verfügung den Parteien noch nicht insinuirt worden.

II. Prorogationen.

§. 202.

Eine Verlegung des Termins oder eine Verlängerung der Frist kann ohne Zustimmung der andern Partei nur dann bewilligt werden, wenn entweder nach der Beschaffenheit der Sache oder nach den übrigen Verhältnissen der erste Termin oder die erste Frist, in Gemäßheit der Vorschrift des §. 197., von Anfang ab als zu kurz bemessen anzusehen ist, oder, wenn unter Angabe und Bescheinigung genügender Hinderungsursachen vor dem Termin oder vor Ablauf der Frist die Verlegung des Termins oder die Verlängerung der Frist nachgesucht wird. Wenn es indessen der Partei aus hinreichenden und genügend bescheinigten Gründen unmöglich war, das obgedachte Prorogationsgesuch vor dem Termin oder vor Ablauf der Frist dem Gericht zu übergeben; so ist der angedrohete Nachtheil nicht zu vollstrecken, sondern ein neuer Termin anzusetzen oder eine anderweitige Frist zu bewilligen.

Wenn jedoch Mehrere den Termin abzuwarten und weil das Gesuch um Verlegung desselben nicht zeitig genug angebracht worden war, von der erfolgten Verlegung desselben nicht vorher Kenntniß erhalten haben; so müssen ihnen die vergeblichen Terminskosten von dem verhinderten Theile jedenfalls ersetzt werden.

§. 203.

Ist der Aufenthalt des Vorzuladenden unbekannt und daher die Insinuation an den Vormund oder Litiscurator erfolgt (§. 182.); so kann auf deren Antrag der erste Termin zur Klagebeantwortung nach den Umständen und nach den über den Aufenthalt des Beklagten etwa vorhandenen Vermuthungen auf drei bis sechs Monate, vom Tage der ersten Vorladung an gerechnet, hinausgerückt werden.

Sind aber gegründete Vermuthungen vorhanden, daß sich der Abwesende absichtlich, um den Kläger dadurch hinzuhalten, entfernt habe, oder hat sich eine Partei im Laufe des Prozesses entfernt, ohne einen Bevollmächtigten oder Nachricht über ihren künftigen Aufenthalt zurückzulassen; so kann aus der Abwesenheit der Partei ein Grund zur Aussetzung des Termins niemals hergeleitet werden.

III. Prozeßschriften.

§. 204.

Klage, Replik, Appellation und Revision, so wie deren Beantwortungen, können mündlich zu Protokoll oder schriftlich in oder vor dem dazu anberaumten Termin angebracht werden. Wird jedoch der Prozeß durch einen Sachwalt geführt (§§. 141 ff.); so muß dieser die Anträge und Erklärungen schriftlich einreichen.

§. 205.

Wenn der Prozeß durch einen Sachwalt geführt wird; so müssen alle Schriftsätze, ohne Rücksicht auf den Verfasser, zwar im Namen der Partei abgefaßt, allein von dem bestellten Sachwalt mit unterzeichnet sein. Wenn die Partei, oder Namens derselben deren Bevollmächtigter (§§. 132 ff.), den Prozeß selbst führt; so müssen die Schriften von dem §. 139. gedachten Geschäftsführer (Procurator) mit unterzeichnet sein. Ist diese Vorschrift nicht beachtet; so darf auf die Schrift, in so weit sie zu den im §. 204. gedachten Schriftsätzen gehört, nicht in der Sache verfügt werden, vielmehr ist die Partei alsdann in dem, bei Vermeidung des Contumacial-Verfahrens abzuwartenden, Termin mit ihren Anträgen und Erklärungen mündlich zu Protokoll zu vernehmen.

IV. Allgemeine Pflichten der Parteien bei ihren Erklärungen und bei Abwartung der Termine.

§. 206.

Die Parteien und deren Bevollmächtigte sind schuldig, sich sowohl in ihren mündlichen, als schriftlichen Erklärungen mit Mäßigung auszudrücken.

Schriften, welche die Achtung gegen den Richter verletzen, oder Schmähungen des Gegentheils enthalten, müssen, nach Befinden, mit ernstlichem Verweise oder Ordnungsstrafe zurückgegeben oder zurückbehalten und darauf nach Bewandniß, Untersuchung und Bestrafung veranlaßt werden. Wer in dem gerichtlichen Termin sich einer Verletzung der dem Richter gebührenden Achtung oder einer Schmähung des Gegentheils schuldig macht, ist vom Richter zur Ordnung zu verweisen und kann, wenn er dieser Weisung nicht Folge leistet, entfernt und bestraft werden. Derselbe, so wie die Verfasser jener ordnungswidrigen Schriften, können von dem Gerichte mit einem Verweise und mit Ordnungsstrafen bis zu zehn Thalern belegt werden, vorbehaltlich der Untersuchung und gesetzlichen Bestrafung, wenn die Vergehen schwererer Art sind.

V. Protokolle.

§. 207.

Über alles, was in den Terminen zum Zwecke des Prozesses verhandelt wird, muß ein Protokoll aufgenommen werden, in welchem der Ort und die Zeit, wo und wann die Verhandlung Statt gefunden hat, die Namen der anwesenden Mitglieder des Gerichts, der Name und Stand der Personen, mit denen verhandelt wird, die Eigenschaft, in welcher sie auftreten, und die Erklärungen und Anträge derselben zu verzeichnen sind. Wenn in dem Termin das Protokoll nicht hat vorgenommen werden können oder unterbrochen worden ist; so muß dies ebenfalls und die Ursache davon zum Protokoll vermerkt werden.

§. 208.

Das Protokoll ist denjenigen, mit welchen verhandelt worden, vorzulesen und von ihnen, so wie von dem die Verhandlung leitenden Richter zu unterschreiben. Es ist dabei jedesmal ein Protokollführer zuzuziehen, welcher das vom Richter laut zu dictirende Protokoll niederschreibt und dasselbe mit unterzeichnet.

§. 209.

Erklärt Jemand, die mit ihm aufgenommene Verhandlung nicht unterschreiben zu können oder zu wollen; so ist er im letzteren Falle über den Grund seiner Weigerung zu vernehmen und in beiden Fällen seine Erklärung, so wie der hierfür angegebene Grund zum Protokoll zu vermerken.

§. 210.

Ist diese Vorschrift (§. 209.) nicht befolgt; so hat die Verhandlung für denjenigen, welcher das Protokoll nicht unterschrieben hat, keine verbindende Kraft.

§. 211.

Der Mangel der Unterschrift des Richters oder des Protokollführers zieht die Ungültigkeit der Prozeßverhandlung, bei welcher dieser Mangel vorkommt, nach sich.

§. 212.

Denjenigen, welche des Gehörs beraubt sind, müssen die zu beantwortenden Fragen schriftlich vorgelegt werden; das Protokoll aber ist ihnen zur eigenen Durchlesung zu übergeben.

§. 213.

Stumme haben die Fragen des Richters schriftlich zu beantworten.

§. 214.

Ist diese Art der Vernehmung (§§. 212 und 213.) nicht möglich, der zu Vernehmende aber fähig, sich durch Zeichen verständlich zu machen; so erfolgt dessen Vernehmung unter Zuziehung wenigstens einer mit seinen Verständigungszeichen vertrauten Person, welche demnächst dahin zu vereiden ist:

> daß sie nach ihrer Erfahrung und nach bestem Wissen dem Vernommenen die ihm vorgelegten Fragen verständlich gemacht und den Sinn der Zeichen, womit derselbe darauf geantwortet, angegeben habe.

§. 215.

Bei der Vernehmung eines Blinden kommen dieselben Vorschriften zur Anwendung, welche für diejenigen gelten, die nicht unterschreiben können. (§. 209)

§. 216.

Redet der zu vernehmende die deutsche Sprache nicht, so muß ein Dolmetscher zugezogen und das Protokoll von dem Dolmetscher in der fremden Sprache, von den Gerichtspersonen aber in der deutschen Sprache aufgenommen werden.

Der Zuziehung eines Dolmetschers und Aufnahme des Protokolls in der fremden Sprache bedarf es alsdann nicht, wenn der Richter und der Protokollführer der Sprache des zu Vernehmenden mächtig sind, und dieses zum Protokoll versichern.

§. 217.

Sind die Parteien mit Sachwaltern versehen, welche der Sprache des zu Vernehmenden kundig sind; so können die Sachwalter, ohne daß es dazu einer Spezial-Vollmacht bedarf, auf die Abfassung des Protokolls in der fremden Sprache verzichten.

§. 218.

Redet der zu Vernehmende eine Sprache, welche keine Schriftsprache ist; so genügt, daß der Dolmetscher unter dem aufgenommenen deutschen Protokolle die Uebereinstimmung desselben mit dem, was der Vernommene erklärt hat, bezeuget.

§. 219.

Der Dolmetscher, wenn er nicht schon im Allgemeinen zu diesem Geschäft verpflichtet ist, muß dahin vereidet werden:

„daß er die Fragen des Richters und die Antworten „des Vernommenen genau wörtlich und richtig über-„setzt habe.“

In so fern ein Nebenprotokoll aufgenommen ist, muß hinzugefügt werden:

„und in der Sprache des Vernommenen in das Ne-„benprotokoll niedergeschrieben habe, ohne etwas davon „wegzulassen oder dazuzusetzen.“

§. 220.

Sind Dolmetscher als Uebersetzer von Schriften gebraucht worden; so sind sie dahin zu vereiden:

„daß sie die ihnen vorgelegte Schrift genau, wörtlich „und richtig übersetzt, auch nichts davon weggelassen „oder dazu gesetzt haben.“

Siebenter Titel.

Von dem Verfahren bei der Abnahme der Eide.

I. Im Allgemeinen.

§. 221.

Die Eidesleistung muß in der Regel an ordentlicher Gerichtsstelle geschehen, kann aber auch nach dem Ermessen des Gerichtsdeputirten oder auf Antrag wegen hohen Ranges, Alters oder Krankheit dessen, welcher schwören soll, in der Wohnung desselben vorgenommen werden.

§. 222.

Die Abnahme des Eides muß mit Ernst und Würde, unter den vorgeschriebenen Förmlichkeiten und, wenn sie an ordentlicher Gerichtsstelle geschieht, in einem besonders dazu eingerichteten Zimmer erfolgen. Kann der, welcher schwören soll, Geschriebenes lesen; so wird ihm die Formel des Eides, den er ableisten soll, eingehändigt und muß er dieselbe mit vernehmlicher Stimme und mit unveränderten Worten ablesen. Kann derselbe Geschriebenes nicht lesen, oder hält der Richter nach dessen Persönlichkeit nicht für angemessen, von ihm den Eid ablesen zu lassen; so muß er ihm den Eid langsam vorlesen und dieser denselben Wort für Wort vernehmlich nachsprechen. Sind mehrere Personen zu vereidigen; so muß ein jeder den Eid besonders ableisten.

§. 223.

Regierende Fürsten und Mitglieder ihres Hauses, so wie die Häupter der ehemals reichsständischen standesherrlichen Häuser sind von der mündlichen Ableistung des Eides frei, sondern die Eidesformel wird in das Protokoll eingetragen, ihnen von dem Richter vorgelesen und von ihnen unterschrieben.

§. 224.

Stumme müssen die ihnen vorgelegte Eidesformel in Gegenwart des Richters abschreiben und unterzeichnen.

II. Ableistung durch einen Bevollmächtigten.

§. 225.

Die Ableistung des Eides muß in Person geschehen und die Ableistung durch einen Bevollmächtigten ist nicht anders, als mit ausdrücklicher Bewilligung des Gegentheils zulässig. In diesem Fall ist jedoch eine beglaubigte Spezial-Vollmacht erforderlich, in welcher die Eidesformel wörtlich und in des Machtgebers Namen abgefaßt:

Ich N. N. schwöre u. s. w.

enthalten und die Eidesformel unter derselben, außer der Vollziehung der Vollmacht, mit Vor- und Familien-Namen unterschrieben sein muß; auch ist die Original-Vollmacht zum Protokoll zu übergeben. Der Bevollmächtigte leistet den Eid in der Seele des Machtgebers durch Vorlesung der in der Spezial-Vollmacht enthaltenen Eidesformel. (§. 222.)

§. 226.

Regierende Fürsten leisten indessen auch ohne Zustimmung des Gegentheils den Eid durch einen Spezial-Bevollmächtigten ab.

III. Abnahme durch Requisition oder Auftrag

§. 227.

Wenn die Partei, welche den Eid zu leisten hat, vom Sitze des Gerichts weit entfernt wohnt; so kann auf ihren Antrag die Abnahme des Eides mittelst Requisition oder Auftrages durch das Gericht ihres Wohnorts geschehen. Der Gegentheil ist hiervon zu benachrichtigen und hat, wenn er der Eidesleistung beiwohnen will, dem letztgedachten Gericht dieses anzuzeigen, welches ihn alsdann von dem dazu anstehenden Termin in Kenntniß setzt, jedoch, er mag sich dazu einfinden oder nicht, mit der Eidesabnahme verfährt.

IV. Eidesverwarnung.

§. 228.

Vor Ableistung des Eides ist der, welcher schwören soll, an die Wichtigkeit und Heiligkeit des Eides zu erinnern und mit den Strafen des Meineides bekannt zu machen.

§. 229.

Bei dem von einer Partei abzuleistenden Eide ist auf Verlangen des Gegentheils ein Geistlicher ihrer Confession zuzuziehen, um sie an die Heiligkeit des Eides zu erinnern. Die Eidesformel muß nach dieser Erinnerung der Partei vorgelesen und nöthigenfalls erläutert und sie sodann befragt werden, ob sie diesen Eid abzuleisten gesonnen sei.

V. Eidesformel

1. für evangelische und katholische Confessions-Verwandte.

§. 230.

Der Eid beginnt für die zum evangelischen und katholischen Glaubensbekenntniß gehörigen Personen mit den Worten:

> Ich N. N. schwöre zu Gott, dem Allmächtigen und Allwissenden;

und schließt für die Evangelischen mit der Bekräftigungs-Formel:

> So wahr mir Gott helfe durch Jesus Christus zur ewigen Seligkeit;

für die Katholiken:

> So wahr mir Gott helfe und sein heiliges Evangelium.

2. für Griechen.

§. 231.

Bei den Eidesleistungen der unirten Griechen finden die hinsichtlich der römisch-katholischen Glaubensgenossen vorgeschriebenen Formeln und Feierlichkeiten ebenfalls Anwendung.

Dagegen werden die Eide der nicht unirten Griechen in der Regel in deren Kirchen oder anderen gottesdienstlichen Versammlungsplätzen, unter Zuziehung eines Geistlichen von ihrer Religion, am Vormittage vor zwölf Uhr geleistet.

Befindet sich an dem Orte, wo der Eid geleistet werden soll, kein solcher gottesdienstlicher Versammlungsplatz, oder auch kein griechischer Geistlicher; so kann der Eid auch an ordentlicher Gerichtsstelle und vor den Gerichtspersonen allein gültig geleistet werden.

§. 232.

Vor der Eidesleistung muß der Geistliche, oder in dessen Ermangelung der Deputirte, dem Schwörenden nachdrücklich zureden:

> daß er zu dieser Handlung in der Furcht Gottes und mit Erwägung seines gerechten Gerichts hinzutreten, und so das Kreuz in aller Wahrheit und ohne Schaden an seiner Seele küssen, nicht aber nach einem zeitlichen Gewinnste streben möge, damit er durch eine solche Bezeugung der Unwahrheit nicht seine Seele in das ewige Verderben stürze und sich auch nicht die auf den Meineid verordnete zeitliche Leibesstrafe zuziehe.

§. 233.

Die Ableistung des Eides geschieht vor dem Altare, oder vor einem Tische, auf welchem ein gemaltes Crucifix steht und die Bibel mit dem aufgeschlagenen Evangelium Johannis liegt. Der Schwörende nähert sich demselben nach angehörter Verwarnung mit ehrerbietiger Beugung, legt die rechte Hand auf das Evangelium und leistet so den Eid ab.

§. 234.

Der Eid hebt mit den Worten an:

> Ich N. N. schwöre vor dem allmächtigen Gott und vor seinem heiligen Evangelio,

und endet mit der Bekräftigungs-Formel:

Zu dessen Betheurung küsse ich das Wort und das Kreuz meines Erlösers. Amen!

Nach beendigter Eidesleistung küßt der Schwörende das ihm vorgehaltene Kreuz.

3. für Muhamedaner.

§. 235.

Die Eide der Türken und anderer Muhamedaner werden von ihnen auf den Alkoran mit der Formel:

Ich N. N. schwöre bei dem einigen Gott und bei dem, was in der Religion das Allerheiligste ist,

abgeleistet.

4. Für Juden

a. im Allgemeinen.

§. 236.

Juden können einen Eid nur in Gegenwart zweier Zeugen und des Rabbiners des Orts, oder eines jüdischen Assessors oder Gelehrten ableisten; im Nothfalle kann jedoch der Rabbiner, Assessor oder Gelehrte die Stelle des zweiten Zeugen vertreten. Sie müssen sich zur Ableistung des Eides durch Abwaschung der Hände und durch Anlegung des Gebetmantels und der Gebetschnur vorbereiten. Bei den Eidesleistungen der Jüdinnen bedarf es der Anlegung des Gebetmantels und der Gebetschnur jedoch nicht.

§. 237.

Vor der Ableistung des Eides muß der Rabbiner oder Gelehrte dem Schwörenden die nachstehende Verwarnung vorhalten:

Ein jeder gläubiger Israelit ist schuldig, der Obrigkeit, sie sei jüdisch oder christlich, bei Rechtsstreitigkeiten die Wahrheit zu gestehen und solche, auf ihr Begehren, mit einem Eide zu bekräftigen. Ein von der christlichen Obrigkeit geforderter Eid ist also nach der Lehre der Rabbiner für keinen unrechtmäßiger Weise erzwungenen Eid zu achten. Wer daher die christliche Obrigkeit durch einen falschen Eid hintergeht, oder dabei etwas Anderes denkt, als er sagt, der entheiligt den Namen Gottes und begeht einen Meineid. Der Meineid ist das schrecklichste Verbrechen, dessen sich der Mensch schuldig machen kann. Die ganze sittliche Welt beruht, wie die Rabbiner sagen, auf dreierlei: auf Recht, Wahrheit und Frieden. Ungerechtigkeit und Lügen sind also schon an sich selbst höchst strafbare Verbrechen, indem sie die Zerrüttung der sittlichen Welt zur Folge haben. Bei einem Meineide kommt der Frevel dazu, daß der Meineidige den Gott der Wahrheit zum Zeugen der Unwahrheit und den Gott der Gerechtigkeit selbst zur Bestrafung der Ungerechtigkeit auffordert und also den Namen des Allerhöchsten bei einer sehr schändlichen That mißbraucht.

Daher auch die ganze Welt erschüttert worden, als der Gott unserer Väter auf dem Berge Sinai die Worte hat hören lassen:

> Du sollst den Namen des Ewigen, deines Gottes nicht bei einer Unwahrheit mißbrauchen.

Wenn jeder andere Verbrecher durch Buße und Sinnesänderung von der Strafe Gottes sich befreien kann; so kann doch der Meineidige durch die stärkste Buße ohne hinlänglichen Ersatz keine Vergebung hoffen; denn es heißt ausdrücklich:

> Der Ewige, dein Gott, wird denjenigen nicht ungestraft lassen, der seinen Namen bei einer Unwahrheit mißbraucht.

Bei einem jeden andern Verbrechen trifft die Strafe bloß den Sünder und die Mitschuldigen, oder die dem Uebel hätten steuern können; bei einem Meineide aber leidet die ganze Familie des Verbrechers; ja das ganze Land, in welchem er wohnt, empfindet die darauf folgende göttliche Strafe.

Bei einem jeden andern Verbrechen wird dem Verbrecher öfter durch die Langmuth des barmherzigen

Gottes eine Zeitlang nachgesehen, auf einen Meineid aber folgt die Strafe unverzüglich und alsofort, denn so heißt es in dem Propheten Zach. Kap. 5, V. 4:

Ich will den Fluch hervorbringen, spricht der Herr Zebaoth, daß er soll kommen über das Haus des Diebes und über das Haus derer, die bei meinem Namen fälschlich schwören, und er soll bleiben in ihrem Hause und soll es verzehren sammt seinem Holz und Steinen.

§. 238.

Dem Rabbiner oder Gelehrten steht frei, dieser vorgeschriebenen Warnung noch andere schickliche, den Umständen angemessene Vorhaltungen hinzuzufügen. Sodann muß derselbe den Schwörenden anreden:

Wisse, daß du nicht nach deinem Sinn und nach deiner Auslegung der Worte, sondern nach dem Verstande, den wir und die Richter mit den Worten verbinden, den Eid ablegst;

und demselben die Tephillim in den Arm geben.

§. 239.

Der Eid beginnt mit den Worten:

Ich N. N. schwöre bei Adonai, dem Gotte Israels;

und endet mit der Bekräftigungsformel:

Wenn ich falsch schwöre, so müssen mich alle die Strafen treffen, welche mir in der geschehenen Vermahnung angedeutet worden sind. Amen!

§. 240.

In der von dem Schwörenden abzulesenden Eidesformel muß das Wort Adonai mit den hebräischen Mitlautern des Wortes Jehovah verzeichnet sein. Kann der Schwörende Geschriebenes nicht lesen, so muß der Rabbiner demselben den Eid vorsagen und dieser denselben Wort für Wort nachsprechen. Es darf aber dabei das Wort Adonai nicht mit vorgesagt, vielmehr müssen dem Schwörenden die in der Eidesformel verzeichneten hebraischen Mitlauter des Wortes Jehovah zum Aussprechen vorgewiesen werden. Um die Eides-handlung nicht zu unterbrechen, muß der Rabbiner oder Ge-lehrte den Schwörenden wegen dieses Umstandes vorher un-terrichten.

§. 241.

Die Termine zu den Eidesleistungen der Juden dürfen, den Fall dringender Nothwendigkeit ausgenommen, an Sab-baths-, Fest- und Bußtagen nicht angesetzt werden. Zu den jüdischen Festtagen sind zu rechnen, zwei Neujahrstage, ein Versöhnungstag, der erste, zweite, siebente, achte und neunte Lauberhüttentag, der erste, zweite, siebente und achte Ostertag, zwei Pfingsttage, der Tag vor dem jüdischen Neujahr und der Tag des Andenkens an die Stadt Jerusalem. Die jüdi-schen Bußtage nehmen mit dem ersten jüdischen Neujahrstage ihren Anfang und endigen mit dem Versöhnungsfeste.

§. 242.

Jüdinnen dürfen zur Zeit ihrer monatlichen Reinigung keinen Eid leisten und müssen daher, wenn der zur Eides-leistung angesetzte Termin in diese Zeit fällt, dessen Verlegung nachsuchen. Auch Kindsbetterinnen können nicht eher, als nach erfolgter Reinigung zur Ableistung eines Eides angehal-ten oder zugelassen werden. Dagegen ist die Schwangerschaft kein Grund, die Eidesleistung zu verweigern; wollen sich je-doch beide Parteien die Aussetzung der Eidesleistung bis nach erfolgter Niederkunft der Zeugin gefallen lassen; so muß der Richter dieselbe bewilligen.

b. Partei-Eide.

§. 243.

Bei den Eiden der Juden, welche ihnen von dem Ge-gentheil de- oder referirt oder von dem Richter auferlegt wor-den sind, müssen, außer den vorgedachten, über die Juden-Eide im Allgemeinen getroffenen Bestimmungen, die nachste-henden Vorschriften beobachtet werden.

§. 244.

Sie müssen in der Synagoge abgeleistet werden; an denjenigen Orten aber, wo keine Synagoge sich befindet, muß die Eidesleistung in demjenigen Zimmer oder andern Privatgelasse geschehen, wo die daselbst wohnenden Juden ihre gottesdienstlichen Zusammenkünfte zu halten pflegen.

§. 245.

Ist die Gegenpartei des Schwörenden ein Jude und am Orte des Gerichts wohnhaft, so muß dieselbe bei der Eidesleistung erscheinen. Derselben wird dann durch den Rabbiner, Assessor oder Gelehrten die Strafe des Bannes angedroht, wenn sie ohne Grund auf die Eidesleistung bestehen würde und muß sie diese Ankündigung mit Amen beantworten.

§. 246.

Sodann bereitet sich der Schwörende auf die im §. 236. bezeichnete Weise zur Eidesleistung vor und wird von dem Rabbiner nach Vorschrift der §§. 237 und 238. verwarnt, worauf die dabei gegenwärtige Gerichtsperson mit Beihülfe des Rabbiners die Sühne nochmals versuchen muß.

§. 247.

Läuft dieser Versuch fruchtlos ab, und besteht der Gegentheil auf die Ableistung des Eides, so rufen die anwesenden Juden einander zu:

Weichet von dem Aufenthalte dieser frevelhalten Leute!

und müssen sich dann alle übrigen Juden bis auf den Rabbiner und die Zeugen entfernen.

§. 248.

Der Rabbiner redet hierauf den Schwörenden auf die im §. 238. vorgeschriebene Weise an. Nach dieser zweiten Ermahnung tritt Letzterer vor den Gesetzschrank, der Klopfer öffnet die Thür desselben, nimmt, statt der im §. 238. gedachten Tephillim, eine bekleidete Thora heraus und giebt sie dem Schwörenden in den Arm, worauf dieser den Eid nach Vorschrift des §. 239. ableistet.

VI. Von Personen, nach deren Religionsgrundsätzen Eide unzulässig sind.

§. 249.

Mennoniten und Andere, nach deren Religionsgrundsätzen eigentliche Eidesleistungen unzulässig sind, müssen durch ein Zeugniß der Aeltesten, Lehrer oder Vorsteher ihrer Secte nachweisen, daß sie zu der Secte gehören und die bei derselben eingeführte mit dem Eide gleiche Kraft habende Formel, in so fern sie nicht gesetzlich vorgeschrieben ist, einreichen. Diese Formel soll statt der gewöhnlichen Eidesformel zur Anwendung kommen.

Motive.

Allgemeiner Theil.

Erster Theil.

Allgemeiner Theil.

Die Anordnung der Prozeß-Ordnung, nach welcher in der Einleitung und in den ersten drei Titeln die Gegenstände des Prozesses, die streitenden Theile, der Gerichtsstand und die Vertretung der Parteien vor Gericht abgehandelt werden, ist so zweckmäßig, daß über deren Beibehaltung kein Zweifel obwalten konnte.

Außerdem giebt es aber im Prozesse noch einige Gegenstände, welche ebenfalls zweckmäßiger vorweg dargestellt werden, ehe zu den Bestimmungen über das Prozeßverfahren selbst nach der Ordnung des gewöhnlichen Prozesses übergegangen wird. Es gehören dahin die Vorschriften über die Insinuation der richterlichen Verfügungen und einige andere allgemeine Bestimmungen, welche, weil sie keiner einzelnen Prozeßhandlung ausschließlich angehören, sondern bei allen zur Anwendung kommen und daher, statt ihrer ermüdenden Wiederholung zweckmäßiger in den allgemeinen Theil aufgenommen worden, dessen Umfang und Bedeutung hierdurch von selbst bezeichnet ist.

Dagegen hat die Einleitung in die Prozeß-Ordnung, mit Ausnahme des §. 1., ganz wegbleiben müssen, da sie keine eigentliche gesetzliche Vorschriften, sondern reine Lehrsätze und nur eine übersichtliche Darstellung des Ganges des Prozesses, so wie der in der Prozeß-Ordnung abgehandelten Vorschriften enthält. Durch eine solche Einleitung wird für die Prozeß-Ordnung selbst nichts gewonnen, da diese dieselben Vorschriften vollständig wiedergeben muß, für deren Anwendung aber erwächst daraus die Gefahr, daß ein solcher Abriß als gesetzliche Vorschrift aufgefaßt wird und alsdann Widersprüche mit den eigentlich dispositiven Vorschriften daraus hergeleitet werden.

Erster Titel.

Von den Gegenständen des Prozesses.

Zum §. 1.

Im §. 1. der Einleitung der Prozeß-Ordnung in der Allgemeinen Gerichtsordnung sind nur Streitigkeiten über Sachen und Rechte, welche einen Gegenstand des Privat-Eigenthums ausmachen, als zur Entscheidung der Gerichte gehörig, bezeichnet. Da aber auch persönliche Eigenschaften und Befugnisse (jura status) Gegenstand richterlicher Entscheidung sein können, so ist der Ausdruck:

> „welche einen Gegenstand des Privat-Rechts aus-„machen,“

gewählt und die nothwendige Beschränkung hinzugefügt worden:

> „in so fern dieselben nicht durch besondere Gesetze da-„von ausgenommen sind.“

Die Fälle, in welchen solche Ausnahmen eintreten, in der Prozeß-Ordnung darzustellen, erscheint nicht angemessen. Die Frage: 'ob ein Gegenstand zum öffentlichen oder zum Privatrechte gehöre? ist nur aus den materiellen Gesetzen zu entscheiden; hierauf beruht aber wieder die Entscheidung der Competenzfrage. Man würde daher durch jene Darstellung in die materielle Gesetzgebung eingreifen und die Aufgabe der Prozeß-Ordnung, welche nur das Verfahren in Rechtsstreitigkeiten darzustellen hat, um so bedenklicher überschreiten, als eine nicht ganz erschöpfende Anführung dieser Ausnahmefälle für eine Einschränkung der darüber bestehenden Gesetze und somit für eine absichtliche Erweiterung der richterlichen Competenz würde angesehen werden können.

Zu §§. 2—8.

Außer der Hinweisung auf die Verordnung vom 30sten Juni 1828 (Gesetzsamml. S. 86.) sind hier (§§. 3—5.) diejenigen Bestimmungen aus der Instruction des Königlichen Staats-Ministeriums über das Verfahren bei Competenz-Conflicten zwischen den Gerichten und den Verwaltungs-Behörden vom 1. Juli 1835 (Jahrbücher, Bd. 46. S. 106.) aufgenommen, welche dem Prozeßrichter bei Beurtheilung der Frage: ob und wann ein Competenz-Conflict als wirklich erhoben anzusehen sei? und für das alsdann seinerseits zu beobachtende Verfahren zur Richtschnur dienen.

Die Verordnung vom 30. Juni 1828 hat die Einstellung des Rechtsverfahrens, sobald ein Competenz-Conflict eintritt, angeordnet, ohne den Fall, wenn er erst nach erfolgter Entscheidung der Sache erhoben wird, ausdrücklich mit einzuschließen oder davon auszunehmen. Da aber die Einstellung der bereits begonnenen Vollstreckung eines Erkenntnisses durch das allgemeine Gebot der Einstellung des Rechtsverfahrens nicht für ausgeschlossen erachtet werden dürfte; so ist dieselbe in dem §. 6. jetzt um so mehr ausdrücklich vorgeschrieben worden, als für den Fall, daß wirklich über einen, dem Rechtswege überhaupt entzogenen Gegenstand richterlich erkannt sein sollte, die von dieser incompetenten Behörde ge-

gebene Entscheidung, abgesehen von der Form, unter welcher sie ertheilt worden, als nicht ergangen anzusehen ist. Dieser letztere Grundsatz ist in der Natur der Sache begründet und auch bereits in einem Spezialfalle durch die Allerhöchste Kabinetsordre vom 11. September 1834 (Acten des Justizmin. Steuersachen No. 30. fol. 256. 270.) als richtig anerkannt worden. In wie fern aber vielleicht die Conflicte gegen die bereits ergangenen richterlichen Erkenntnisse — namentlich für den Fall, wenn die Verwaltungs-Behörde, ohne Conflict zu erheben, sich auf den Prozeß eingelassen hatte — in Ansehung der Form ihrer Erledigung oder der jetzt ungemessenen Frist ihrer Anbringung, besonderen Modificationen zu unterwerfen wären, kann nur Gegenstand einer Berathung über die Verordnung vom 30. Juni 1828, nicht aber der über die Prozeß-Ordnung sein.

In der Verordnung vom 30. Juni 1834 §. 9. (Gesetzsammlung S. 100.) ist für die Ressortstreitigkeiten zwischen der General-Commission und den Gerichten das Conflict-Verfahren nach der Verordnung vom 30. Juni 1828 zwar vorgeschrieben, zugleich aber die Wirkung des richterlichen Judicats verschieden bestimmt worden, jenachdem die Sache durch Erkenntniß der General-Commission, des Revisions-Collegiums und des Geheimen Ober-Tribunals, oder durch Bescheid des Ministeriums des Innern in der Recurs-Instanz definitiv zu erledigen war. Daher ist in dem §. 7. für diese Conflicte die bestehende Verfassung aufrecht erhalten.

Für die negativen Competenz-Conflicte ist in der Verordnung vom 30. Juni 1828 keine Bestimmung getroffen; es konnte jedoch kein Bedenken finden, dieselbe Verordnung auch darauf im §. 8. für anwendbar zu erklären.

Zweiter Titel.

Von den Personen, welche vor Gericht klagen und beklagt werden können.

Zu §§. 9—11.

Diese Vorschriften treten an die Stelle der §§. 1—4. Tit. 1. der Gerichtsordnung, welche jedoch einige Abänderungen erlitten haben.

1) Den Minderjährigen und Verschwendern ausdrücklich das Erscheinen vor Gericht, unter Beitritt ihrer Vormünder oder Curatoren, zu gestatten (§. 4. der P. O.), schien überflüssig, da ihre Erklärungen gleichwohl keine rechtliche Wirkung haben, und die Vormünder oder Curatoren befugt sind, sie, in so fern sie derselben zur Erläuterung der Streitpunkte bedürfen, mit zur Gerichtsstelle zu bringen.

2) Der Ausdruck „Verschollen" ist durch die Worte: „Ab„wesende, deren Aufenthalt unbekannt, oder von welchen „es bekannt oder wahrscheinlich ist, daß sie wider ihren „Willen an der eigenen Besorgung ihrer Angelegenhei„ten verhindert werden," ersetzt worden, theils wegen des dem Worte: „Verschollen" anklebenden Nebenbegriffs, theils, um diese Vorschrift der Prozeß-Ordnung mit den entsprechenden Bestimmungen des Allgemeinen Landrechts Thl. II. Tit. 18. §§. 19 und 22. in Uebereinstimmung zu bringen.

3) Da es überhaupt nur darauf ankommen kann, an dieser Stelle diejenigen Personen oder Rechts-Subjecte vollständig zu bezeichnen, welche zwar belangt werden können, aber, weil sie unfähig sind, ihren eigenen Rechts-Angelegenheiten vorzustehen, bevormundet oder unter Curatel gestellt und von ihren Vormündern oder Curatoren auch in ihren Prozessen vertreten werden müssen; so schien es zweckmäßig, das Verzeichniß der unfähi-

gen Parteien noch durch die Aufführung mehrerer Fälle aus den gesetzlichen Bestimmungen zu ergänzen. Dahin gehören:

a) die Taubstummen, welche durch verständliche Zeichen sich mitzutheilen außer Stande sind.

Das Allgemeine Landrecht Thl. II. Tit. 18. §. 15. 16. will zwar die taubstumm Gebornen unbedingt bevormunden lassen; indessen konnte diese Vorschrift, da man in neuerer Zeit auch Personen solcher Art findet, welche fähig sind, sich Andern vollkommen verständlich zu machen, hier übergangen werden;

b) Blinde, welche zugleich taub sind; da es diesen Personen schlechterdings unmöglich ist, in ihren Prozessen zuverlässige Erklärungen abzugeben. cf. Rescript vom 11. April 1841. (Jahrb. Bd. 57. pag. 569.)

c) Unbekannte Interessenten, so wie eine Leibesfrucht, denen nach den §§. 49 und 962 seq. Thl. II. Tit. 18. des Allgem. Landrechts ein Curator bestellt werden muß, und welche daher auf diesem Wege als Parteien im Prozesse in Anspruch genommen und vertreten werden können.

d) Eine Erbschaft, so lange der Erbe noch nicht bekannt ist. (Allgem. Landrecht Thl. I. Tit. 9. §§. 471 seq.) Die Prozeß-Ordnung erwähnt dieses Falls erst bei der Insinuation der Vorladung Tit. 7. §. 33a und spricht zugleich von dem Falle, wenn der Aufenthalt des bekannten Erben noch nicht bekannt ist. Alsdann entsteht aber eine Abwesenheits-Curatel des Erben, welche neben der oben zu 2. gedachten allgemeinen Bestimmung hier keiner besonderen Erwähnung bedarf.

So rathsam es aber auch erscheinen mußte, die Fälle der Bevormundung und Curatel in ihrer besonderen Beziehung auf die Bildung der Parteien im Prozesse hier namentlich aufzuführen; so konnte es dennoch nicht die Absicht sein, durch deren Aufzählung irgend eine Person auszuschließen, deren Bevormundung oder Curatel sonst noch durch die Gesetze geboten worden ist. Es giebt Fälle, in welchen die Bevormundung von besonderen Bedingungen abhängig gemacht worden ist, z. B. Thl. II. Tit. 2. §§. 255—263., Tit. 18. §§. 23 bis 27. Diese konnten hier, um dem Vormundschaftsrechte nicht vorzugreifen, weder erschöpfend, noch mit ausschließender Kraft dargestellt werden. Es sind daher, außer den benannten Personen, überhaupt alle vermöge gesetzlicher Bestimmungen unter Vormundschaft oder Curatel zu stellende Personen als hierher gehörig aufgeführt.

In wie fern die Väter oder Vormünder und Curatoren zu den Prozessen, in welchen sie ihre Kinder oder Pflegebefohlenen vertreten sollen, einer besonderen Autorisation der vormundschaftlichen Behörde bedürfen, konnte ebenfalls nicht hier bestimmt, sondern nur auf die betreffenden Vorschriften des Allgem. Landrechts hingewiesen werden. (§. 11.)

Zu §§. 12 und 13.

Diese Vorschriften entsprechen den §§. 5—7. Tit. 1. der P. O. Nur mußte die Vorschrift, daß die Fähigkeit der Personen rücksichtlich des Alters sich nach den Gesetzen ihres Wohnortes bestimmt, generalisirt werden, da sie nicht bloß von den Ausländern, sondern auch von Inländern gilt, bei denen gesetzlich ein anderer Majoritäts-Termin vorgeschrieben ist. Auch sind die im §. 6. der Prozeß-Ordnung vorkommenden Worte: „oder Gerichtsstandes der Sache" weggelassen, weil nicht abzusehen ist, in welchem Falle diese Gesetze für die hier zu entscheidende Frage erheblich sein könnten.

Zu §§. 14 und 15.

Es ist hierin von den Vorschriften der Prozeß-Ordnung Tit. 1. §§. 9—12. in so fern abgewichen, daß in allen Fällen, es mag die Bevormundung einem inländischen oder einem ausländischen Gerichte zustehen, die Bewirkung derselben den Parteien überlassen wird, während die Prozeß-Ordnung diese Sorge den Parteien nur dann überläßt, wenn die vormundschaftliche Behörde des Unfähigen ein ausländisches Gericht ist. Denn es läßt sich ein zureichender Grund für diesen in der Prozeß-Ordnung gemachten Unterschied nicht absehen. Die unfähige Partei und derjenige, welcher mit derselben einen Prozeß zu führen genöthigt ist, haben das nächste Interesse dabei, das der Anstellung oder Fortsetzung des Prozesses entgegenstehende Hinderniß aus dem Wege zu räumen. Für den Prozeßrichter giebt es hingegen keine allgemeine Verpflichtung, für die Bevormundung unfähiger Personen von Amtswegen zu sorgen. Es läßt sich daher auch kein Grund absehen, weshalb ihm diese Pflicht für den Fall eines an ihn gelangenden Rechtsstreits auferlegt und er dadurch ohne Noth mit einem zu seinem Richteramte nicht gehörigen Geschäfte belästigt werden soll, zumal für die Fälle, wo Gefahr im Verzuge obwaltet, ohnehin durch den §. 15. des Entwurfs gesorgt ist.

Der Schlußsatz des §. 15. enthält eine neue Bestimmung, welche der Verwickelung der Prozesse, die durch den Widerruf der von dem Interims-Curator abgegebenen Erklärungen entgegenstehen würde, vorbeugen wird, und auf diese Weise eine Lücke der bisherigen Vorschriften ergänzt.

Zum §. 16.

Diese durch ein praktisches Bedürfniß hervorgerufene Vorschrift ist aus den Allerhöchsten Kabinetsordres vom 4. Juli 1832 (Gesetzsamml. S. 175.) und vom 5. Dezember 1835 (Gesetzsamml. S. 294.) unverändert aufgenommen.

Zu §§. 17 und 18.

Der §. 17. giebt den §. 13. Tit. 1. der Prozeß-Ordnung wieder. Der §. 18. gründet sich ebenfalls auf die gedachten Verordnungen vom 4. Juli 1832 (§. 2.) und vom 5. Dezember 1835. Gegen diese Vorschrift ließe sich zwar einwenden, daß dabei das Interesse des Vaters, in seiner Eigenschaft als Nießbraucher, nicht hinlänglich berücksichtigt worden sei. Da aber die Kinder, als Eigenthümer, das meiste

Interesse bei der Sache haben und sie wegen ihrer Volljährigkeit zur Wahrnehmung ihrer Rechte persönlich fähig sind, so erscheint diese Vorschrift um so weniger bedenklich, als es sich dabei um Angelegenheiten handelt, welche die Kinder in der Regel selbst am besten zu beurtheilen und zu vertreten im Stande sein werden.

Zu §§. 19 und 20.

In dem vom Revisor bei der ersten Revision vorgelegten Entwurf ist diese Vorschrift übergangen, weil sie nicht sowohl die hier darzustellende Fähigkeit der Personen, als vielmehr Einschränkungen der Verwaltungs-Befugnisse des Vaters betreffe, und als solche dem materiellen Rechte angehöre. Indessen würde dadurch eine fühlbare Lücke entstehen, theils, weil in den vorhergegangenen Bestimmungen nur von der Befugniß der Väter, ihre minderjährigen Kinder im Prozesse zu vertreten, die Rede ist, auch das Allgem. Landrecht in Ansehung der großjährigen, aber noch unter väterlicher Gewalt stehenden Kinder die Vorschrift des §. 14. Tit. 1. der Prozeß-Ordnung nicht enthält, theils, weil es bei dem Widerstreite der Ansichten des Vaters und des großjährigen Kindes, über die Einleitung des Prozesses, an einer leitenden Vorschrift fehlen würde. Daher kann auch eine bloße Hinweisung auf die materiellen Vorschriften nicht genügen, und ist diese hier um so leichter zu vermeiden, als es sich dabei um die Aufstellung eines einfachen Grundsatzes handelt. Dieser besteht darin, daß der Vater die volljährigen Kinder zu solchen Prozessen zuzuziehen verbunden ist, welche die Substanz ihres nicht freien Vermögens betreffen. (Allgem. Landrecht Thl. 1. Tit. 21. §. 83.) Der §. 14. der Prozeß-Ordnung nimmt zwar auf diese beim Nießbrauch vorkommende Vorschrift nicht Bezug, sondern auf den §. 71. Thl. II. Tit. 2. des Allgem. Landrechts, und erfordert hiernach die Zuziehung der großjährigen Kinder nur dann, wenn der Prozeß unbewegliche Sachen, deren Pertinenzstücke oder Gerechtigkeiten betrifft. Indessen stimmt diese Bestimmung mit dem Inhalte der §§. 70 und 71. Thl. II. Tit. 2. des Allgem.

Landrechts weder in den Gegenständen, noch in den Personen überein. Denn es wird dort auch bei andern Gegenständen die Genehmigung des vormundschaftlichen Gerichts erfordert, und findet sich deshalb die obige Regel dort ebenfalls aufgestellt; dann aber ist daselbst nur von minderjährigen, nicht aber von großjährigen Kindern die Rede. In Ansehung der volljährigen Kinder erscheint es um so unbedenklicher, das Verhältniß zwischen dem Eigenthümer und Nießbraucher zum Grunde zu legen, als damit zugleich die beibehaltenen übrigen Vorschriften des §. 14. Tit. 1. der Prozeß-Ordnung für den Fall der Meinungs-Verschiedenheit des Vaters, als Nießbraucher und des Kindes, als Eigenthümer, über die Führung des Prozesses, in Einklang stehen.

Außerdem war aber für die in der Prozeß-Ordnung nicht erwähnten Fälle, wenn nämlich das großjährige Kind den Prozeß über die Substanz, gegen die Ansicht des Vaters, selbst betreiben oder fortsetzen will, oder dasselbe mit dem Vater in Prozeß geräth, eine ausdrückliche Bestimmung zu treffen. Da im ersteren Falle das großjährige Kind, als Eigenthümer, den Ausschlag geben soll; so muß man dasselbe auch ermächtigen, ohne Beitritt des Vaters den Prozeß zu führen. Eine Ergänzung dieses Beitritts durch das vormundschaftliche Gericht erscheint hier als überflüssig. In gleicher Art mußte das großjährige Kind zur alleinigen Führung eines zwischen dem Vater und ihm entstehenden Prozesses für fähig erklärt werden. (§. 20.)

Zu §§. 21—23.

Diese Vorschriften entsprechen den §§. 16—19. 22 und 23. Tit. 1. der Prozeß-Ordnung. Es hat jedoch vorgezogen werden müssen, statt der ausdrücklichen Bestimmung: wann die Ehefrau zuzuziehen ist (§. 19. der Prozeß-Ordnung), auf die darüber bestehenden gesetzlichen Vorschriften im Allgemeinen hinzuweisen, da hier die materiellen Gesetze ausreichen, deren spezielle Wiederholung an dieser Stelle aber, bei der großen Verschiedenheit des ehelichen Güterrechts in den einzelnen Provinzen für die Anwendung mehr störend, als erleichternd sein würde.

Zum §. 24.

Von der Deputation zur Revision der Prozeß-Ordnung, Bericht **II. pag.** 12. war vorgeschlagen, den ordentlichen persönlichen Richter zu ermächtigen, den verweigerten Consens auf den Antrag der Frau und nach Anhörung des Mannes zu ergänzen. Dieser Vorschlag hat indeß schon bei den früheren Berathungen im Justiz-Ministerium keinen Anklang gefunden, vielmehr ist dagegen angeführt worden, daß die Verweigerung des Consenses häufig in andern, als in rechtlichen Gründen, ihr Entstehen finden werde und dergleichen, das Familien-Verhältniß betreffende Rücksichten zweckmäßiger der Beurtheilung der vormundschaftlichen Behörde, als einem Streitgerichte, überlassen würden; daß ferner der Richter, welcher in der Folge die Hauptsache durch Erkenntniß zu entscheiden habe, in den Augen der Gegenpartei präoccupirt erscheinen müsse, wenn er beim Anfange des Prozesses über dessen Rathsamkeit entscheiden solle.

Dieser letztere Grund ist so entscheidend, daß es nicht bedenklich sein konnte, den §. 24. nach dieser Ansicht abzufassen.

Wenn die Geschlechtsvormundschaft (§§. 24—29. Tit. 1. der Prozeß-Ordnung) hier mit Stillschweigen übergangen ist; so wird dies keiner näheren Rechtfertigung bedürfen, da sie als eine überflüssige Formalität fast in der ganzen Monarchie aufgehoben ist, und nur noch ausnahmsweise provinzielle Gültigkeit hat. cf. Allerhöchste Kabinetsordre vom 28. Juni 1829. (Gesetzsamml. S. 52.)

Die Hinweisung auf die materiellen Gesetze in §§. 30 bis 32 und 38. der Prozeß-Ordnung konnte ebenfalls, als überflüssig, übergangen werden, weil dadurch über die persönliche Fähigkeit der Parteien nichts bestimmt wird. Die §§. 35 — 37. werden bei der Klage ihre Erledigung finden.

Zu §§. 25 und 26.

Die §§. 33 und 34. der Prozeß-Ordnung sind hier in einer Fassung wiedergegeben, welche kein Bedenken erregen kann.

Dritter Titel.

Vom Gerichtsstande.

Der Rechtfertigung der einzelnen, über den Gerichtsstand handelnden Bestimmungen des Entwurfs sind einige allgemeine Bemerkungen vorauszuschicken.

1. Die Prozeß-Ordnung enthält in den §§. 2—7 **h. t.** fast nur Begriffsbestimmungen und Eintheilungen derjenigen Materien, welche demnächst abgehandelt werden. Diese Lehrsätze können, bei einer genauen Begrenzung und richtigen Anordnung der einzelnen Gerichtsstände, nicht nur entbehrt werden, sondern das Verhältniß der verschiedenen Gerichtsstände zu einander tritt auch deutlicher hervor, wenn, wie in dem vorliegenden Entwurf geschehen ist, der Umfang und der Rang des einzelnen Gerichtsstandes bei dessen Abhandlung besonders ins Auge gefaßt und festgestellt werden.

2. Die Prozeß-Ordnung handelt in den §§. 9—16. von dem Domizil und dessen Veränderungen. Uebereinstimmend mit den Verfassern des ersten Entwurfs (Bericht **II. pag.** 17.) ist diese Materie aus der Prozeß-Ordnung ausgelassen, weil davon nicht allein der Gerichtsstand, sondern der Zustand und die persönlichen Verhältnisse eines Menschen überhaupt abhängen, und sie daher zu dem materiellen Rechte gehört. Es war hier nur zu bestimmen, welche Wirkung der Wohnsitz auf den Gerichtsstand äußert. Entsteht im einzelnen Falle Streit darüber, wo Jemand seinen Wohnsitz habe, oder ob er ihn verändert habe; so ist dieser Streit, wie auch in andern Streitigkeiten über persönliche Zustände geschehen muß, aus dem materiellen Rechte zu entscheiden.

3. Die Prozeß-Ordnung hat diese Materie auf die nachstehende Weise angeordnet:

A. Ordentlicher Gerichtsstand.

I. Persönlicher:
   1) forum domicilii,
   2) originis (auch von Vagabunden und Fremden),
   3) wegen persönlicher Eigenschaften:
      a) der Nationalität,
      b) der Geburt,
      c) des Standes und Amtes,
      d) als moralischer Personen.

II. Dinglicher (hierunter forum arresti und hereditatis).

III. Forum speciale causae.

B. Außerordentlicher Gerichtsstand

1) wegen streitiger Jurisdiction,
2) bei mehreren Beklagten zur Vermeidung der Prozesse,
3) wegen verweigerter oder verzögerter Rechtspflege,
4) wegen Verdachts gegen den Richter,
5) forum contractus,
6) Gerichtsstand der Verwaltung,
7) wegen nothwendiger Prorogation (durch Widerklage),
8) durch freiwillige Prorogation.

Angehängt sind die Vorschriften von der Prävention und von Schiedsrichtern.

Diese Anordnung hat nur einige Abänderungen erlitten.

Der eximirte Gerichtsstand kann nicht, als eine Unter-Abtheilung des ordentlichen persönlichen Gerichtsstandes, dem forum domicilii und originis beigeordnet werden. Er erstreckt sich auf diese letztgedachten beiden Gerichtsstände, auf den dinglichen Gerichtsstand und beinahe auf alle Arten des außerordentlichen Gerichtsstandes. Er steht wegen dieser allgemeinen Beziehung dem nicht eximirten Gerichtsstande, es sei dieser ein ordentlicher oder außerordentlicher, ein persönlicher oder dinglicher, überall gegenüber. Sein Eintheilungsgrund ist also eigentlich ein höherer, als der aller dieser Gerichtsstände. Indessen konnte dieser Gegensatz des gemeinen und des eximirten

Gerichtsstandes, auch ohne ausdrückliche Unterscheidung, genügend hervorgehoben werden. Es war nämlich zuvörderst dasjenige, was im Allgemeinen den ordentlichen oder außerordentlichen, persönlichen oder dinglichen Gerichtsstand begründet, abzuhandeln und waren alsdann, zu dem eximirten Gerichtsstande übergehend, alle jene allgemeine Bestimmungen auch auf diesen Gerichtsstand für anwendbar zu erklären, mit dem Zusatze jedoch, daß beim eximirten Gerichtsstande, statt des für den Bezirk, welcher über den Gerichtsstand entscheidet, zunächst bestellten Gerichts, das Obergericht jenes Bezirks, oder das sonst competente höhere Gericht eintritt. Durch diese Darstellung wird zugleich der Vortheil erreicht, daß alsdann nur noch erforderlich ist, diejenigen Personen oder Sachen genau zu bezeichnen, welche bei jenen höheren Gerichten ihren Gerichtsstand (forum exemtum) haben, wobei aber die allgemeinen, für den gemeinen, wie für den eximirten Gerichtsstand geltenden Vorschriften nicht nochmals zu wiederholen sind.

Eine fernere Abweichung besteht darin, daß das forum speciale causae dem ordentlichen Gerichtsstande nicht mehr untergeordnet worden ist. Dieser Gerichtsstand überragt in der Regel den gemeinen und eximirten, den ordentlichen persönlichen oder dinglichen, und auch sogar einige Arten des außerordentlichen Gerichtsstandes. Er eignet sich daher ebenfalls zu einer Hauptabtheilung.

Hiernach ist die Anordnung des Entwurfs folgende:

I. Ordentlicher Gerichtsstand,
 1) persönlicher (des Domizils und der Herkunft),
 2) dinglicher.

II. Außerordentlicher Gerichtsstand (mit seinen einzelnen Arten).

III. Eximirter Gerichtsstand.

IV. Gerichtsstand der Personen, welche dem hiesigen Gerichtsstande überhaupt nicht unterworfen sind (vermöge der Exterritorialität).

V. Besonderer Gerichtsstand der Sache (forum speciale causae).

4. In dem bestehenden eximirten Gerichtsstande ist wesentlich nichts geändert. Wenn darin Abänderungen, die das

Wesen dieser Einrichtung berühren, für gut befunden werden sollten; so könnten dieselben auf jeden Fall nur bei der Berathung über die Gerichtsverfassung näher erwogen und festgestellt werden, da der eximirte Gerichtsstand, seiner Natur nach, mit der übrigen Gerichtsverfassung im genauesten Zusammenhange steht und einen wichtigen Theil derselben ausmacht.

Zu §§. 27 — 29.

Nachdem der wesentliche Inhalt des §. 1. der Prozeß-Ordnung in dem §. 27. wiedergegeben worden ist, sind die Vorschriften über die Wahl und die Prävention zwischen mehreren competenten Gerichten als allgemeine Bestimmungen aus dem §. 166. der Prozeß-Ordnung hierher übernommen.

Zum §. 30.

Die Prozeß-Ordnung spricht über den Einfluß einer gehörig insinuirten Citation auf den Gerichtsstand in dem Tit. 7. §. 48. lit. b, indem der dadurch erzeugten Rechtshängigkeit der Sache die Wirkung beigelegt wird, daß eine nachher mit dem Vorgeladenen sich ereignende Veränderung auf den Gerichtsstand keinen Einfluß haben soll. Diese Vorschrift hat, da sie für den Gerichtsstand von Wichtigkeit ist, hierher gestellt, zugleich aber, da sie für die Fälle einer eintretenden Veränderung in dem Zustande der streitigen Sache ebenfalls gilt, auch auf diese ausgedehnt werden müssen.

Zu §§. 31 und 32.

Es sind hierdurch die Vorschriften der §§. 9 — 12 und 14 — 16. der Prozeß-Ordnung in so weit wiedergegeben, als dieselben nicht die zum materiellen Rechte gehörigen näheren Bestimmungen über die Begründung und Aufhebung des Domizils enthalten.

Zu §§. 33 — 35.

In Ansehung der Ehefrauen folgt der Grundsatz, daß sie den Gerichtsstand ihres Ehemannes haben, aus dem Eherechte von selbst (§. 87. Tit. 2. der Prozeß-Ordnung). Man könnte fragen, ob sie denselben auch noch im Wittwenstande beibehalten. Hierüber bedarf es aber hier keiner Bestimmung. Es hängt ganz von ihnen ab, ob sie nach Auflösung der Ehe denselben Wohnsitz beibehalten, oder einen andern Wohnsitz nehmen wollen. In beiden Fällen ist dies dann aber ihr eigener Wohnsitz und eigener Gerichtsstand, nicht der des verstorbenen Ehemannes und ist es daher richtig, die Regel nicht auf den Wittwenstand auszudehnen. Eine andere Frage ist es: ob sie die Exemtion des Ehemannes im Wittwenstande behalten? (§. 20. Tit. 2. der Prozeß-Ordnung) worüber aber erst unten beim eximirten Gerichtsstande die Bestimmung zu treffen ist.

Die Vorschriften der Prozeß-Ordnung über das sogenannte forum originis (§§. 17—21. Tit. 2.) sind hier, wenn auch nicht dem Namen, doch der Sache nach, und zwar bestimmter und umfassender, in eben der Weise wiedergegeben, wie solche in dem ersten Entwurfe (Bericht III. Abtheil. 1. pag. 19—21.) bereits vorgeschlagen und begründet worden sind. Es liegt in der Natur der Sache, daß Personen, welche wegen ihrer persönlichen Unfähigkeit, oder weil sie der väterlichen Gewalt noch unterworfen sind, vor Gericht nicht auftreten können, sondern von ihren Vormündern und Curatoren oder von ihren Vätern vertreten werden müssen (§§. 10 und 17. des Entwurfs), auch in der Regel eben so wenig im Stande sein werden, ein eigenes Domizil und einen eigenen Gerichtsstand selbstständig zu begründen, daß vielmehr ihr persönlicher Gerichtsstand sich in der Regel nach dem Gerichtsstande der sie vertretenden Personen bestimmen muß. Dieser Grundsatz ist aber in der Prozeß-Ordnung weder deutlich ausgesprochen, noch überall festgehalten; es ist vielmehr an dessen Stelle das durch den Ort der Herkunft begründete Forum gesetzt worden, welches, so weit es die unter väterlicher Gewalt stehenden Kinder betrifft, mit dem Gerichtsstande des Vaters übereinstimmt; so weit es aber die nicht unter väterlicher Gewalt stehenden, gleichwohl unfähigen Personen betrifft, richtiger durch den Gerichtsstand des Orts der Bevormundung ersetzt wird. Hiermit ist dann aber für den so- genannten Gerichtsstand der Herkunft ein Gegenstand nicht mehr vorhanden. Denn diejenigen Kinder, welche weder unter väterlicher Gewalt stehen, noch zu bevormunden sind, können eben so gut, wie andere selbstständige Personen, durch ihren Wohnsitz oder Aufenthalt einen eigenen Gerichtsstand begrün- den; außerdem erscheint aber die Anwendung, welche die Prozeß-Ordnung §§. 22—25. von dem Gerichtsstande der Herkunft auf die Vagabunden gemacht hat, wie unten zum §. 45. gezeigt werden soll, ebenfalls als nicht haltbar.

Nach Aufstellung jenes Grundsatzes bedarf es in Anse- hung der Adoptiv- und Pflegekinder, der Kinder aus einer Ehe zur linken Hand und der unehelichen Kinder auch keiner besonderen Bestimmung, da es von der materiellen Gesetzge- bung abhängt, in wie fern sie der väterlichen Gewalt und daher dem Gerichtsstande des Vaters unterworfen, oder zu bevormunden sind, und als solche unter dem Gerichtsstande der Vormundschaft stehen. (Allgem. Landrecht Thl. II. Tit. 2. §§. 681. 753. 561. 644.) Wenn die Prozeß-Ordnung im §. 21. (conf. §. 99.) die Kinder aus einer Ehe zur linken Hand und die unehelichen Kinder unter den Gerichtsstand der Mutter gestellt hat, so ist sie von jenem Prinzip ohne genü- genden Grund abgewichen.

Die Vorschrift, daß Frauen und Kinder der Unteroffiziere und Soldaten, welche ihren Männern oder Vätern nicht in die Garnison gefolgt sind, den Gerichtsstand ihres Wohnsitzes beibehalten (Allgem. Landrecht II. 10. §. 43. Anhang §. 13. zur Allgem. Gerichtsordnung), ist übergangen, weil zu dieser Anomalie, nach Aufhebung des Militair-Gerichtsstandes in Civilsachen, kein hinreichender Grund mehr vorliegt. Dagegen bedarf es für den Fall, wenn Militairpersonen ins Feld rücken, einer Vorschrift über den zeitigen Gerichtsstand ihrer Frauen und Kinder. Nach Anleitung des §. 88. Tit. 2. der Prozeß- Ordnung ist im §. 34. bestimmt worden, daß sie den bisheri- gen Gerichtsstand beibehalten.

Zu §§. 36—42. 46.

Diese Vorschriften haben das mit einander gemein, daß hier überall ein, häufig nur vorübergehender, Aufenthalt über den Gerichtsstand entscheidet, und zwar sowohl für selbstständige, als für nicht selbstständige Personen. Für die ersteren werden diese Zustände häufig und vielleicht in der Regel mit dem Wohnsitze derselben zusammenfallen. Für die nicht selbstständigen Personen ist hingegen diese Ausnahme von dem Gerichtsstande ihrer Väter oder Bevormundung von großer Bedeutung. Es liegt ihr das gemeinsame Motiv der Erleichterung des Verkehrs mit solchen Personen zum Grunde, indem dadurch für die leichtere Verfolgung der von ihnen, besonders an ihrem Aufenthaltsorte, eingegangenen Verbindlichkeiten gesorgt ist. Auch darf den Vätern oder Vormündern solcher zur Dienstleistung oder Ausbildung auswärts beschäftigter Personen die Einlassung an diesem Aufenthaltsorte ihrer Kinder oder Curanden eher, als den Gläubigern der letzteren die Belangung derselben in dem Gerichtsstande der Väter oder der Bevormundung zugemuthet werden.

Hiernach ist:

1. die in dem Anhange §. 7. zur Prozeß-Ordnung nur in Betreff der Referendarien und Auskultatoren getroffene Bestimmung in dem §. 36. des Entwurfs auf alle Personen, welche im mittelbaren oder unmittelbaren Staatsdienste stehen (Allgem. Landrecht Thl. II. Tit. 10. §§. 68. 69. 53.), ausgedehnt worden.

2. Die Vorschrift in Betreff der Militairpersonen im §. 37. gründet sich auf die Allerhöchste Kabinetsordre vom 2ten November 1833 (Gesetzsamml. S. 290.), verbunden mit der unten (zu 5.) näher zu erwähnenden Deklaration vom 31sten März 1839 (Gesetzsamml. S. 156.).

Diese für alle Angelegenheiten der bürgerlichen Gerichtsbarkeit ertheilte Vorschrift machte es nothwendig, besonders zur Vermeidung des Mißverständnisses, als ob die Injurien-Sachen darin mitbegriffen seien, den Umfang der bügerlichen Gerichtsbarkeit, im Gegensatze der Militairgerichtsbarkeit, hier ebenfalls in den §§. 38—40. näher anzugeben, obwohl übrigens die Darstellung der Militairgerichtsbarkeit nicht Gegenstand der Civilprozeß-Ordnung sein kann. Die Bestimmungen selbst sind entnommen aus den Anhängen §§. 14—19 und 22. zur Allgem. Gerichtsordnung, den §§. 20 u. f. der Instruction für die Inspecteure und Commandeure der Landwehr vom 10. Dezember 1816, den §§. 74—76. der Landwehr-Ordnung vom 21. November 1815 (Gesetzsamml. pro 1816. S. 77.) und der Allerhöchsten Kabinetsordre vom 9ten Dezember 1834 (Gesetzsamml. S. 182.).

3. In Ansehung der Studirenden haben die Vorschriften der §§. 14 und 76. Tit. 2. der Prozeß-Ordnung bereits durch das Reglement vom 28. Dezember 1810, §§. 4—6. eine Aenderung dahin erlitten, daß, so lange sie akademische Bürger sind, in deren Prozessen sich ihre Eltern und Vormünder bei den Gerichten der betreffenden Universitätsstädte einlassen müssen. In dieser Bestimmung ist durch das Reglement vom 16. November 1819 (Gesetzsamml. S. 240.) §. 8. nichts geändert, vielmehr findet dieselbe in so fern Anwendung, als nicht die akademische Gerichtsbarkeit, nämlich für alle Injurien- und solche Civilklagen, deren Gegenstand lediglich pekuniär ist, gegen die Studirenden eintritt. Hiernach ist der §. 46. des Entwurfs abgefaßt.

4. Die Vorschrift des §. 42. des Entwurfs in Betreff der im Dienste Anderer stehenden Personen ist entnommen aus dem §. 13. Tit. 2. der Prozeß-Ordnung und der Allerhöchsten Kabinetsordre vom 4. Juli 1832 (Gesetzsammlung S. 175.). Es ist der Gerichtsstand am Aufenthaltsorte in dieser Verordnung absichtlich nur für Injurien-, Alimenten- und Entschädigungs-Prozesse, so wie für alle Rechtsstreitigkeiten angeordnet worden, die aus den Dienst-, Erwerbs- und Kontrakts-Verhältnissen der darin erwähnten nicht selbstständigen Personen entspringen. Dagegen ist es in Betreff anderer Rechtsangelegenheiten, namentlich der Familien- oder Erbschaftssachen bei dem gewöhnlichen Gerichtsstande der Väter oder der Vormundschaft belassen worden, weil es in solchen Sachen gewöhnlich auf die Rechte des väterlichen Wohnsitzes

oder des Orts der Bevormundung ankommt, die erforderlichen Nachrichten auch dort am besten zu erlangen sind, und daher den Vätern oder Vormündern daran gelegen sein muß, diese Sachen bei ihren Gerichten verhandelt zu sehen.

5. Von demselben Gesichtspunkte ist gegenwärtig bei der Abfassung des §. 41. des Entwurfs ausgegangen. Der Anhang §. 7. zur Allgem. Gerichtsordnung §. 76. Tit. 2. und die Deklaration vom 31. März 1839 (Gesetzsammlung S. 156.) haben zwar zunächst nur den Zweck, der irrigen Anwendung der Vorschriften über den Gerichtsstand in streitigen Angelegenheiten, auf die Beurtheilung der persönlichen Zustände der in Rede stehenden Personen vorzubeugen. In diesem Sinne bestimmt daher jene Deklaration, daß bei minderjährigen oder noch unter väterlicher Gewalt stehenden Militairpersonen, imgleichen denjenigen, welche lediglich zur Erfüllung der allgemeinen Militairpflicht in den Dienst getreten sind, so weit es auf ihre persönlichen Eigenschaften und Befugnisse (jura status), so wie auf die Erbfolge in ihren Nachlaß ankommt, nicht der Ort ihrer Garnison, sondern ihr eigentlicher Wohnsitz (§§. 9 und 14. Tit. 2. der Prozeß-Ordnung), oder in Ermangelung eines solchen, der Ort ihrer Herkunft beachtet werden solle. Wenn indessen anerkannt werden muß, daß solche Angelegenheiten stets der Beurtheilung nach den Gesetzen des eigentlichen Gerichtsstandes, sei es des eigenen oder desjenigen des Vaters oder der Vormundschaft, unterliegen; so erscheint es auch in Ansehung der die jura status oder den künftigen Nachlaß (z. B. einen Erbvertrag) betreffenden Prozesse angemessener, diese nicht im Gerichtsstande des Aufenthaltsorts, sondern in dem gewöhnlichen Gerichtsstande verhandeln zu lassen.

Zu §§. 43. und 44.

Diese Vorschriften sind bestimmt, die etwanigen Zweifel über die Frage zu beseitigen: an welchem Orte eine moralische Person zu belangen sei, und wo insbesondere die Staatsbehörden, ohne Unterschied, ob solche den Fiskus vertreten, oder selbst in Anspruch genommen werden, ihren persönlichen Gerichtsstand haben? Der Sitz der betreffenden Verwaltung oder Behörde kann hierüber füglich nur entscheiden.

Zu §§. 45—47.

Ein Vagabunde kann nach §. 25. Tit. 2. der Prozeß-Ordnung vor jedem Gerichte in Anspruch genommen werden, wo er angetroffen wird; diese Vorschrift ist hier auf alle Inländer ausgedehnt worden, welche in hiesigen Landen keinen Wohnsitz haben. Der §. 22. der Prozeß-Ordnung nennt denjenigen einen Vagabunden, der seinen vorigen Wohnsitz aufgegeben hat und, ohne anderswo eine feste Wohnung zu nehmen, im Lande herumirrt. Nach §. 23. der Prozeß-Ordnung soll ferner derjenige für einen Vagabunden angesehen werden, welcher, ohne irgendwo einen Wohnsitz genommen zu haben, den Gerichtsstand seiner Herkunft schon seit länger als drei Jahren verlassen hat, oder dessen Geburtsort unbekannt oder außerhalb Landes gelegen ist. Der Vagabunde unterscheidet sich hiernach von dem, welcher ihm in rechtlicher Beziehung gleichgestellt wird, bloß dadurch, daß er seinen Wohnsitz ausdrücklich aufgegeben und keinen andern genommen hat, während dieser seinen Geburtsort stillschweigend verlassen haben muß, oder derselbe unbekannt oder außerhalb Landes gelegen ist. Bei der ersten Revision (Bericht **III.** Abth. **1. pag.** 20.) ist schon bemerkt worden, daß es sich nicht rechtfertigen lasse, Jemanden, der seinen Wohnsitz mit der Erklärung, ihn aufzugeben, verläßt, sofort für einen Vagabunden zu erklären, sobald er nicht einen neuen Wohnsitz begründet, während es ihm, wenn diese Erklärung nicht abgegeben ist, gestattet werde, wenigstens drei Jahre im Lande herumzuschweifen, ohne dadurch seinen Gerichtsstand zu verändern. Denn da Kinder unter väterlicher Gewalt, so wie Minderjährige, ihren Gerichtsstand nach §. 24. a. a. O. nicht verändern können; so bleibe nur der Fall übrig, wo der Vater versterbe und ein volljähriges, bei seinen Lebzeiten nicht emanzipirtes Kind hinterlasse, welches nunmehr den Gerichtsstand seiner Herkunft, d. i. seines Vaters verlasse. Zwischen diesem Falle und dem des §. 22. der Prozeß-Ordnung sei aber ein Unterschied in der

That nicht zu entdecken. Eben so wenig könne es auf der andern Seite Jemanden zum Vagabunden machen, daß sein Geburtsort unbekannt, oder außerhalb Landes gelegen sei. Indem dieser Ansicht beigetreten ist, wird es zugleich möglich, den unbestimmten Ausdruck: „Vagabunde" überhaupt zu vermeiden.

In Ansehung der Fremden unterscheidet die Prozeß-Ordnung §§. 26—28. zwischen solchen, die sich in hiesigen Landen niederzulassen im Begriff sind, und zwischen bloß durchreisenden Fremden. Letztere sollen, wenn nicht ein außerordentlicher Gerichtsstand gegen sie begründet ist, vor hiesigen Gerichten nicht belangt werden können. In der ersten Revision ist indessen (Bericht III. Abth. 1. S. 21.) mit Recht bemerkt worden, daß dieser Unterschied und diese Begünstigung der fremden vor den einheimischen Reisenden als unpraktisch, unnütz und zu Mißbräuchen Veranlassung gebend, nicht haltbar erscheine, und ist daher jene für die Inländer ertheilte Vorschrift auch auf die Fremden in so fern ausgedehnt worden, als nicht Staatsverträge entgegenstehen.

Der §. 47. trifft endlich auch für den Fall Bestimmungen, wenn ein hiesiger Unterthan im Inlande nicht mehr anzutreffen, und sein gegenwärtiger Aufenthalt unbekannt ist. Er soll alsdann bei den Gerichten seines letzten bekannten inländischen Wohnsitzes oder Aufenthaltsorts belangt werden können, und soll ihm zu dem Ende ein Vormund oder Curator beigeordnet werden. Man könnte einwenden, daß diese Vorschrift dadurch entbehrlich werde, daß schon nach den §§. 10 und 14. des Entwurfs die Abwesenheits-Curatel eintrete und sodann der Gerichtsstand am Orte der Bevormundung (§. 35.) begründet sei. Die Prozeß-Ordnung hat jedoch im Tit. 7. §. 13. für denselben Fall nur in sofern eine Bevormundung des Abwesenden für zulässig erachtet, als Letzter Vermögen in hiesigen Landen besitzt. Sie sieht aus demselben Grunde, sobald diese Bedingung nicht vorhanden ist, die Vertretung des Abwesenden durch den Vormund für nicht statthaft an, und schreibt für diesen Fall eine Edictal-Citation des verklagten Abwesenden bei dem Gerichte seines letzten

Wohnsitzes oder seines Geburtsorts vor. Der §. 19. Thl. II. Tit. 18. des Allgem. Landrechts, worauf die Prozeß-Ordnung im §. 13. a. a. O. ausdrücklich Bezug nimmt, bestimmt aber, daß Abwesenden, deren Aufenthalt unbekannt ist, nicht allein zur Erhaltung ihres zurückgelassenen Vermögens, sondern auch zur Besorgung ihrer übrigen Angelegenheiten, Vormünder zu bestellen sind. Ist dies aber der Fall, so sind letztere auch befugt, den Abwesenden, welcher kein Vermögen zurückgelassen hat, in den gegen ihn angestellten Prozessen zu vertreten. Allerdings fällt also auch hier der Gerichtsstand der Bevormundung mit demjenigen des letzten Wohnsitzes oder Aufenthaltsorts in hiesigen Landen zusammen; indessen schien es doch rathsam, diese folgenreiche Bestimmung zur Vorbeugung fernerer Zweifel hier aufzunehmen, und dabei zugleich den Nachweis der vorausgesetzten Abwesenheit durch ein Attest der Ortspolizeibehörde zu gestatten.

Zu §§. 48 und 49.

Den Bestimmungen der Prozeß-Ordnung Tit. 2. §§. 4. 107 und 111. über den eigentlichen dinglichen Gerichtsstand ist nur hinzugefügt worden, daß sich derselbe auch auf das Zubehör der unbeweglichen Sachen erstreckt, was auch die Prozeß-Ordnung §. 107. durch die Worte: „unbewegliche Sachen ohne Ausnahme" wohl schon hat ausdrücken wollen.

Zu §§. 50—54.

Diese Bestimmungen entsprechen der bestehenden Verfassung. Der §. 50. giebt nämlich die im §. 112. der Prozeß-Ordnung über den erweiterten dinglichen Gerichtsstand aufgestellte Regel wieder, wodurch die Wiederholung der im §. 113. a. a. O. dargestellten Beispiele überflüssig wird. Der §. 51. des Entwurfs stimmt mit dem §. 114. a. a. O. überein. Diese Bestimmung ist durch den Anhang §. 34., dessen Inhalt der §. 52. des Entwurfs in sich aufgenommen hat, nicht entbehrlich geworden, weil die einschränkende Vorschrift der Verordnung vom 7. Juli 1819 (Gesetzsamml. S. 212.), die der §. 53. wiedergiebt, nur auf den Anhang §. 34., nicht aber auf jene Vorschrift des §. 114. a. a. O. bezogen werden kann. Uebrigens war auch kein genügender Grund vorhanden, diese im §. 114. a. a. O. und §. 34. des Anhangs ausdrücklich nur den hiesigen Unterthanen verliehene Wohlthat, nach dem Vorschlage des ersten Entwurfs, auch auf Ausländer auszudehnen.

Der §. 54. ist aus dem §. 15. der Instruction vom 30. Mai 1820 (Gesetzsamml. S. 84.) entnommen.

Zum §. 55.

Der §. 116. Tit. 2. der Prozeß-Ordnung ist dahin geändert, daß anstatt des Satzes:

> und der Besitzer oder Inhaber keinem ordentlichen persönlichen Gerichtsstande in hiesigen Landen unterworfen ist,

gesagt worden ist:

> „und der Beklagte keinen Wohnsitz in hiesigen Landen hat.“

Denn durch die Abänderung von „Besitzer oder Inhaber“ in „Beklagter“ wird, wie vom Revisor (Bericht III. Abth. 1. pag. 23.) richtig bemerkt wird, zugleich die bisher zweifelhafte Frage entschieden, ob der Pfandgläubiger die Klage **ad distrahendum pignus in foro rei sitae** anstellen könne; die fernere Umänderung der Worte: „keinem ordentlichen persönlichen Gerichtsstande unterworfen ist“ in den Satz: "keinen Wohnsitz hat,“ erscheint aber deshalb angemessen, weil man es dem Kläger nicht zumuthen kann, einem Schuldner, der nur durch seinen Aufenthalt an einem Orte seinen persönlichen Gerichtsstand begründet hat, bei jedem Wechsel desselben überall hin zu folgen, obgleich er wegen seiner Forderung durch ein handhabendes Pfand gedeckt ist.

Zum §. 56.

Der Inhalt des §. 56. gründet sich auf die Verordnung vom 25. Juli 1839 (Gesetzsamml. S. 250.).

Zu §§. 57 und 58.

Dem §. 115. Tit. 2. der Prozeß-Ordnnng ist hier seine Stelle gegeben, weil er sich auch auf den dinglichen Gerichtsstand beweglicher Sachen erstreckt. Die Schlußbestimmung des §. 115., daß nach Statt gehabter Wahl der Kläger sich die daraus fließenden Folgen in Ansehung der Art und Grade der Execution gefallen lassen müsse, ist weggelassen und an deren Stelle nach dem Vorschlage der, mit Ausarbeitung einer transitorischen Verordnung über den Prozeß beauftragten Commission, eine neue Bestimmung aufgenommen.

Man hat es nämlich für hart und unzweckmäßig geachtet, den Gläubiger, welcher aus einer zugleich ein Real- und persönliches Recht gewährenden Urkunde in foro reali klagt, und ein rechtskräftiges Urtheil erlangt, zu verpflichten, wegen des Ausfalls, den er bei der Execution in das Grundstück erleidet, eine neue Klage vor dem persönlichen Richter des Schuldners anzustellen, und ist daher zur Vermeidung dieses doppelten Verfahrens vorgeschlagen, dem in foro reali ergangenen Urtheile volle Rechtskraft in der Art beizulegen, daß daraus wegen des beim Unterpfande erlittenen Ausfalles auch in foro personali die Execution nachgesucht werden könne. Hiergegen wurde jedoch eingewandt, daß in den meisten Fällen eine solche Bestimmung dahin führen werde, Eximirte der Jurisdiction des Untergerichts zu unterwerfen und dieselbe überdies ohne besonderen praktischen Nutzen sein werde, weil Ausfälle bei Hypotheken in der Regel ein Subhastations-, Kaufgelder-, Liquidationsprozeß- oder Concursverfahren voraussetzten und dieselben häufig solche Gläubiger träfen, welche vorher keine Urtheile in foro reali erstritten hätten, sondern nur im Wege des Mandaten-Verfahrens zur Execution gelangt, oder durch den Concurs- oder Liquidationsprozeß zur Liquidation ihrer Forderungen genöthigt worden seien. Die letztere Klasse der Realgläubiger habe keinen andern executivischen Titel, als die Classificatoria, und ihr Ausfall constire nur aus dem Distributionsurtheile. Nun werde man aber schwerlich so weit gehen können, die Bestimmungen des Classifications- oder

Distributionsurtheils oder ein Kaufgelderbelegungs-Protokoll quoad jus personale für executorisch zu erklären, die vorgeschlagene Aenderung werde sich daher nur in den seltenen Fällen als nützlich bewähren, wenn gegen den Besitzer des verpfändeten Grundstücks in foro reali ein förmliches Judicat erlangt sei und ungeachtet der Insuffizienz der Immobiliarmasse über dessen Mobiliarvermögen noch kein Creditverfahren eröffnet worden, oder wenn der Gläubiger, nachdem er in foro reali ein Judicat erstritten habe, sich bewogen finde, seinem Pfandrechte gänzlich zu entsagen, um sich mit Uebergehung des Pfandes gleich an die Person des Schuldners halten zu können. Jedenfalls müsse man aber diese Ausnahmen auf die Fälle beschränken, wenn nicht nur ein wirkliches Judicat gegen den Schuldner in foro reali ergangen, sondern wenn zugleich auf Zahlung gegen denselben erkannt sei, weil es sich häufig ereignen werde, daß, der gültigen Bestellung des Pfandrechts unbeschadet, dem Schuldner Einwendungen gegen den an ihn zu machenden persönlichen Anspruch zuständen und daher die Verurtheilung zur Zahlung gegen den Beklagten als persönlichen Schuldner nothwendig eine contradictorische Verhandlung über die persönliche Verbindlichkeit voraussetze.

Das letzte Monitum ist das allein erhebliche, und ist danach auch der §. 58. des Entwurfs dahin gefaßt worden, daß in foro reali zugleich auf Zuerkennung des persönlichen Anspruchs gegen den Schuldner geklagt werden müsse, wenn das ergehende Erkenntniß auch gegen die Person des Schuldners vollstreckbar sein solle. Für den Concursprozeß existirt die in Rede stehende Vorschrift bereits (conf. §§. 392. 452. Tit. 50. Thl. I. der Allgem. Gerichtsordnung), und es verdient dieselbe unbedenklich generalisirt zu werden, weil sie geeignet ist, sowohl die Vervielfältigung der Prozesse zu verhüten, als die Sicherheit der Gläubiger zu befördern. Auch kann sie deshalb nicht bedenklich erscheinen, weil durch dieselbe möglicherweise Eximirte genöthigt werden, vor dem Untergerichte Recht zu nehmen; denn wenn dieselben rücksichtlich der Realverbindlichkeit dem Untergerichte schon unterworfen sind, so hat es kein Bedenken, dem Untergerichte zugleich die Befugniß einzuräumen, auch über die persönliche Verbindlichkeit des Eximirten zu entscheiden, vielmehr wird demselben dadurch der Vortheil gewährt, die Kosten eines doppelten Prozesses zu vermeiden.

Zu §§. 59 — 62.

Diese Vorschriften weichen von denen der §§. 117—120 b Tit. 2. der Prozeß-Ordnung in zwei Punkten ab.

Zuerst nämlich spricht die Prozeß-Ordnung im §. 117. nur vom Arrestschlag auf bewegliche Sachen und dem dadurch begründeten Gerichtsstande; diese Beschränkung ist weggelassen, weil derselbe Fall auch bei unbeweglichen Sachen, in Folge einer protestatio de non amplius intabulando, vorkommen kann.

Sodann wird im §. 119. a. a. O. bloß vom Ausländer gesagt, daß er bei demjenigen Gerichte, welches den Arrest angelegt hat, auch in der Hauptsache Recht nehmen müsse; dasselbe muß aber, wie schon im §. 25. a. a. O. angedeutet ist, von Jedem gelten, der keinen festen Wohnsitz im Lande hat, und ist dem §. 61. hiernach eine allgemeine Fassung gegeben.

Zu §§. 63 — 65.

Der Vorschrift des §. 121. Tit. 2. der Prozeß-Ordnung über den Gerichtsstand der Erbschaft ist im §. 63. die Bestimmung hinzugefügt worden, daß derselbe, im Falle der Todeserklärung, bei demjenigen Gerichte sei, bei welchem die Klage auf Todeserklärung anzubringen war, was nach §. 3. Tit. 37. der Prozeß-Ordnung nicht bedenklich sein kann. Außerdem ist im §. 64., nach Analogie der Vorschriften über das Forum der Vormundschaft (Allg. Landrecht Thl. II. Tit. 18. §§. 57 u. 58.), für den Fall der Concurrenz mehrerer Gerichtsstände des Erblassers die erforderliche Bestimmung getroffen.

Endlich ist versucht worden, in dem §. 65. dasjenige vollständiger und bestimmter auszudrücken, was die §§. 122—125. der Prozeß-Ordnung theils selbst bestimmen, theils durch Hinweisung auf die materiellen Gesetze andeuten. Dabei ist aber die Vorschrift des §. 125., daß Ansprüche wegen eines Erbrechts nur so lange in dem Gerichtsstande der Erbschaft angebracht werden können, als sich daselbst noch ein Theil des Nachlasses befindet, weggelassen, weil, wie mit Recht erinnert worden, zu dieser Einschränkung kein Grund vorhanden ist, und sie sehr beschwerend für den Miterben werden kann.

Zu §§. 66 und 67.

Bei der ersten Revision der Prozeß-Ordnung war der Antrag gestellt, den außerordentlichen Gerichtsstand wegen streitiger Jurisdiction als überflüssig ganz aufzuheben, da durch die vorstehenden Bestimmungen die Parteien ihrem ordentlichen Richter entzogen würden, und auf diese Weise die Unparteilichkeit der Rechtspflege, welche nur dadurch gesichert sei, daß ein Jeder im Voraus einem bestimmten Richter unterworfen werde, einen großen Stoß erleide (fol. 14. Thl. II. der speziellen Revision). So wenig angenommen werden kann, daß die Unparteilichkeit der Rechtspflege in einem außerordentlichen Gerichtsstand untergehe, eben so ungegründet ist es, daß hier Jemand seinem ordentlichen Richter entzogen werde, weil es streitig ist, wer er ist. Diese ganze Bestimmung ist lediglich für den Fall getroffen, daß es streitig ist, wer der ordentliche Richter sei? Und in diesem liegt doch wohl von selbst die Nothwendigkeit, daß darüber eine Entscheidung erfolgen müsse.

Zum §. 68.

Die Prozeß-Ordnung Tit. 2. §§. 136—140. läßt hier das gemeinschaftliche Forum durch das Obergericht oder Justiz-Ministerium bestimmen. Nach dem Vorschlage des ersten Entwurfs ist jedoch hiervon abgewichen, weil hier kein anderes Interesse, als das der Parteien, obwaltet, und daher die Grundsätze, nach welchen der Kläger hierbei zu verfahren hat, sehr wohl im Voraus bestimmt werden konnten. Wie dies geschehen solle, ist indessen schwer abzusehen. Es ist daher hier bei der Prozeß-Ordnung stehen geblieben und dabei die Entscheidung dem Justiz-Ministerium beigelegt, theils, weil die Sache selbst mehr zur anordnenden, als zur richterlichen Gewalt gehört, theils aber, weil ein hierzu geeignetes Obergericht nicht vorhanden ist.

Zum §. 69.

Gegen den §. 142. Tit. 2. der Prozeß-Ordnung war erinnert worden, daß ein Richter, welcher prompte und unparteiische Justiz verweigere, d. h. vorsätzlich versage, gar nicht verdiene, Richter zu sein, und es wurde daher eine andere Fassung gewünscht. Die erste Revision (Bericht **II.** S. 16.) hat jedoch, ganz abgesehen von diesem Monito, der allegirten Vorschrift noch besonders vorgeworfen, daß sie theils zu wenig bestimmt zu sein, theils eine willkürliche Evocation zu gestatten scheine. Habe nämlich der Richter erweislich die Justiz verweigert, oder gar parteiisch gehandelt; so sei er dafür verantwortlich und könne von dem leidenden Theil durch die Syndikatsklage verfolgt werden. Geschehe dieses; so könne derselbe allerdings auch nicht mehr Richter in der Hauptsache bleiben, weil er Partei geworden sei, und müsse in diesem Falle die Sache an ein anderes Gericht gewiesen werden. Stelle aber die Partei die Syndikatsklage nicht an, sondern äußere bloß einen vielleicht ungegründeten und mit nichts bewiesenen Verdacht, welcher dem Obergerichte zur Einleitung der Untersuchung nicht geeignet scheine; so könne in diesem Falle der Letztere nicht berechtigt sein, die Sache dennoch abzurufen. Denn dies würde ungerecht und gefährlich sein. Ungerecht gegen den Richter und gegen die Partei; gegen jenen, weil er, ohne eines Vergehens überführt zu sein, bestraft; gegen diese, weil sie dadurch ihrem ordentlichen Richter entzogen werde, und gefährlich, weil, wenn Beschwerden der Art Gehör fänden, arglistige Parteien dies mißbrauchen könnten, um dem Richter zu drohen oder ihn zu entfernen, oder doch den Prozeß zu verzögern.

Es dürfte diese Argumentation wohl zu denjenigen gehören, welche einen Grundsatz deshalb verwerfen, weil es möglich ist, daß er mißbraucht werden könne. Wenn man dem Obergericht das Urtheil über Leib und Leben anvertraut; so wird man ihm wohl vertrauen, daß es eine begründete Beschwerde von so frivolen, wie sie hier vorausgesetzt werden, zu unterscheiden wissen werde. Allerdings würde es nicht rathsam sein, dem Oberrichter zu gestatten, nach Willkühr oder wegen einer geringen Verzögerung eine Sache von dem competenten Gericht abzurufen und einem Andern zu übertragen, allein davon ist ja auch überall nicht die Rede, und die Erfahrung zeigt eben so wenig, daß solche Uebertragungen häufig geschehen, und daher ist kaum zu begreifen, wie der Satz aufgestellt werden könne, daß sie erfolgen würden, „ohne daß der Rich„ter des Vergehens überführt sei." Die Deputation ist auch im Resultat mit dem Grundsatz einverstanden, will denselben aber erst eintreten lassen, wenn die Partei die Syndikatsklage gegen den Richter angestellt hat. Wer weiß, wie schwer die Syndikatsklage zu begründen und zu beweisen ist, dürfte der ohnehin schon lange an ihrem Recht verkürzten Partei schwerlich die Last und Kosten eines solchen Prozesses als das einzige Mittel der Erlösung aus den Händen eines solchen Richters und als den einzigen Weg, Gerechtigkeit zu finden, anweisen, dem Richter aber Pflichwidrigkeiten bis zu einem gewissen Grade erleichtern. Mit der bloßen Anbringung der Klage würde es ohnehin nicht abgemacht, sondern die rechtskräftige Entscheidung erforderlich sein. Bis dahin würde also die Partei in der ersten Instanz entweder gar keine oder eine fehlerhafte Justiz finden. 1) Justizverweigerung, 2) Parteilichkeit und 3) Verletzung des richterlichen Amts, wofür der Richter den Parteien verantwortlich ist, sind daher mit Recht als Gründe zur Avocation der Sache, worin sie erfolgt sind, anzusehen und dem Oberrichter zu vertrauen, daß er sie nicht ohne Noth und so lange noch andere Mittel zureichen, den säumigen Richter zur Pflichterfüllung anzuhalten, anordnen wird.

Zu §§. 70—73.

In dem §. 70. sind die im §. 143. Tit. 2. der Prozeß-Ordnung aufgeführten Gründe, weshalb ein Richter rekusirt werden kann, in mehreren Punkten vervollständigt worden.

Zu 1. Anstatt der Worte: „wenn der Richter bei dem Ausfalle des Prozesses ein nahes oder auch nur entferntes Interesse hat," ist gesagt worden: wenn er selbst oder seine

Ehefrau oder seine Verwandten in auf- und absteigender Linie von dem Ausfall der Sache Vortheil oder Schaden zu erwarten haben. In der Verordnung vom 14ten Dezember 1833 §. 5. (Gesetzsamml. S. 303.) ist unter den Nichtigkeitsgründen zwar auch nur der persönlichen Betheiligung des Richters bei dem Rechtsstreite erwähnt worden; indessen erscheint es nothwendig, das Interesse der dem Richter so ganz nahe stehenden Personen als Rekusationsgrund um so mehr aufzuführen, als schon die Allgem. Gerichtsordnung Thl. III. Tit. 3. §. 12. dieses Falls gedenkt.

Zu 2. Es ist die Rekusation wegen Verwandtschaft oder Verschwägerung nur bis zum vierten Grade einschließlich gestattet, und dagegen nach dem Beispiel der Verordnung vom 14. Dezember 1833 §. 5. die Vorschrift des §. 40. des Anhangs, so wie des §. 13. Tit. 3. Thl. III. der Allgem. Gerichtsordnung mit Stillschweigen übergangen worden, nach welcher die Rekusation eines Unterrichters wegen Verwandtschaft bis zum sechsten Grade gestattet, so wie dem Gerichts-Mitgliede für den Fall, daß die Stimmen getheilt sind, versagt ist, durch seine Stimme zum Besten eines solchen Verwandten den Ausschlag zu geben. Indessen scheint es zur Beruhigung des Richters selbst nothwendig zu sein, ihm zu gestatten, sich in solchen Fällen seiner Mitwirkung zu enthalten, und ist ihm dies daher im §. 71. freigestellt worden. Außer der als Rekusationsgrund beibehaltenen Verlobung mit der Partei oder deren nahen Verwandten, was ein erkennbares Verhältniß ist, mußte von den Heirathsunterhandlungen geschwiegen werden, weil sich hierfür keine genügende Merkmale angeben lassen. Dagegen war aus der Allgem. Gerichtsordnung Thl. III. Tit. 3. §. 16. der einleuchtende Rekusationsgrund aufzunehmen, wenn der Richter mit einem Sachwalt der Parteien in auf- oder absteigender Linie oder als Bruder oder Schwager verwandt ist. Es könnte endlich scheinen, daß bei einer gleichen Verwandtschaft mit beiden Parteien der Rekusationsgrund wegfallen müsse, was aber doch nicht rathsam sein würde, und daher als unstatthaft ausdrücklich bezeichnet worden ist.

Zu 3 und 4. Anstatt der offenbaren Feindschaft und des Allegats der §§. 145. 146. Tit. 18. Thl. II. des Allgem. Landrechts ist das Leben in bekannter Feindschaft mit einer der Parteien als Rekusationsgrund beibehalten; da dies ein Verhältniß ist, welches durch die gesetzlich vermutheten Fälle der Feindschaft zu eng begrenzt sein würde.

Zu 5. Anstatt des Ausdrucks der Prozeß-Ordnung: wenn er sich von einem der streitenden Theile als Consulent hat gebrauchen lassen, ist in näherer Uebereinstimmung mit dem §. 5. der Verordnung vom 14. Dezember 1833 und mit dem §. 14. Tit. 3. Thl. III. der Allgem. Gerichtsordnung gesagt worden: „wenn er einer der Parteien in der Sache Rath ertheilt oder bei der Angelegenheit, welche Gegenstand des Rechtsstreits ist, als ihr Rechtsfreund mitgewirkt hat;" denn die letztere Alternative ist in der ersteren keinesweges einbegriffen, gleichwohl aber ein sehr erheblicher Rekusationsgrund. Dagegen mußte, um die richteramtliche Wirksamkeit im Prozesse nicht gegen die Absicht des Gesetzes zu beschränken, die Ertheilung des Raths aus amtlicher Veranlassung ausdrücklich ausgenommen werden.

Zu 6 und 7. Diese Rekusationsgründe sind aus der Deklaration vom 6. April 1839 (Gesetzsammlung S. 127.) Art. 3. und aus der Verordnung vom 14. Dezember 1833 §. 5. Nr. 7. entnommen. Es war jedoch überall keine Veranlassung vorhanden, diese bisher bloß auf die Theilnahme an der Urtheilsfällung angewandten Rekusationsgründe irgend weiter auszudehnen.

Der Inhalt des §. 71., in so fern er nicht schon oben gerechtfertigt worden ist, gründet sich auf den Art. 17. der gedachten Deklaration vom 6. April 1839, imgleichen der Schlußsatz des §. 72, dessen übriger Inhalt durch die Natur der Sache geboten ist.

Der §. 73. giebt die Vorschrift der Prozeß-Ordnung Tit. 2. §. 145. (conf. Rescript vom 21. Januar 1741 in Mylius, corpus const. cont. II. S. 5.) wieder, wonach, wenn bei einem Präsidenten oder Gerichtsdirigenten ein Rekusationsgrund vorwaltet, die Sache, auf Verlangen der, einen nachtheiligen Einfluß besorgenden Partei, bei der vorgesetzten Instanz, oder in deren Ermangelung, bei dem mit dem Kammergerichte verbundenen Geheimen Justizrathe verhandelt werden soll. Außerdem ist für den möglichen Fall, daß ein solcher Rekusationsgrund bei einem Kammergerichts-Präsidenten vorwaltet, die Bestimmung des alsdann eintretenden Gerichts dem Justiz-Ministerium vorbehalten.

Zum §. 74.

In Betreff des forum contractus ist die bestehende Verfassung (Tit. 2. §§. 148—153. der Prozeß-Ordnung) und namentlich die Beschränkung beibehalten worden, daß dieser Gerichtsstand nur alsdann begründet ist, wenn der zu belangende Contrahent an dem Orte, wo der Contrakt verbindliche Kraft erhalten hat oder in Erfüllung gebracht werden soll, anzutreffen ist. (§. 150. a. a. O.) Die Rechtsunterstellung, daß sich der Contrahent durch den Abschluß des Vertrages wegen aller daraus herzuleitenden Ansprüche diesem Gerichtsstande selbst unterworfen habe, ist an und für sich so gewagt, daß es schon deshalb billig erscheint, dieselbe nur alsdann in Anwendung zu bringen, wenn der Beklagte von dem Orte, woselbst er solchergestalt in Anspruch genommen werden soll, anzutreffen und daher im Stande ist, dort seine Gerechtsame selbst wahrzunehmen. Ein praktisches Bedürfniß zur Aufhebung dieser Bedingung ist auch nicht bemerkbar geworden, da die Rechtsverfolgung durch die Vorschriften über den ordentlichen persönlichen oder dinglichen Gerichtsstand hinreichend gesichert ist. Wenn dies aber ausnahmsweise bei einem Fremden nicht der Fall sein sollte, weil er kein Vermögen in diesseitigen Landen besitzt (§. 52.); so würde dennoch durch die Aufhebung jener Bedingung nur wenig gewonnen sein, indem alsdann den Schwierigkeiten, welche der Vollstreckung der auf diesem Wege erstrittenen Judicate im Wege stehen, auch noch viele fruchtlose Bemühungen, um die Vorladung gehörig zu bewirken, hinzutreten würden.

Uebrigens hat anstatt der Worte im §. 149. a. a. O.: „wo der Vertrag seine verbindliche Kraft erhalten hat," gesagt werden müssen: „wo der Vertrag abgeschlossen wurde;" weil es hier nur auf die äußere Vollendung der Form ankommt, was sich schon daraus ergiebt, daß die Prozeß-Ordnung selbst im §. 151. die Klage auf Aufhebung des Vertrages in demselben Gerichtsstande des Contrakts gestattet.

Zum §. 75.

Die Prozeß-Ordnung spricht im Tit. 2. §. 28. von dem Gerichtsstande, welcher durch Schadenszufügung gegen Fremde begründet werden könne, ohne diesen Gerichtsstand später abzuhandeln. In Ansehung der Fremden ist dem Bedürfnisse nach einer solchen Vorschrift durch den §. 45. des Entwurfs zwar schon vorgesehen, indem gegen sie der Gerichtsstand durch ihren Aufenthalt in hiesigen Landen überhaupt begründet ist. Indessen muß das Bedürfniß nach einem solchen außerordentlichen Gerichtsstande als ein allgemeines angesehen werden, und ist deshalb nach der zunächst liegenden Analogie des forum contractus hier eine Bestimmung aufgenommen, nach welcher auf Schadloshaltung aus einer strafbaren Handlung bei demjenigen Gerichte, in dessen Bezirke die strafbare Handlung begangen worden ist, in so fern soll geklagt werden können, als der Verpflichtete zur Zeit der Vorladung in dem gedachten Gerichtsbezirke anzutreffen ist.

Nach dem §. 178. Tit. 2. der Prozeß-Ordnung und den §§. 6. 68. 69 und 416. der Allgem. Criminal-Ordnung gehören freilich, so weit die Schadloshaltung des Beschädigten mit der Untersuchung des Verbrechens zugleich erörtert werden kann, beide vor das competente Criminalgericht, und ist daher der Beschädigte befugt, auf diesem Wege in dem in der Regel eintretenden Gerichtsstand des verübten Vergehens seine Ansprüche auf Schadensersatz anzubringen. Indessen hat die Erfahrung gelehrt, daß die Criminalgerichte gewöhnlich von der Befugniß, den Civilanspruch zur besonderen Verhandlung vor den Civilrichter zu verweisen (§. 69. der Criminal-Ordnung), Gebrauch machen. Der Beschädigte wird hierdurch in gleicher Art, als wenn er die Entschädigung durch eine besondere Klage nachsucht, in die Nothwendigkeit versetzt, den

Verpflichteten in dessen ordentlichen persönlichen Gerichtsstand in Anspruch zu nehmen (§. 178. Tit. 2. der Prozeß-Ordnung), die Rechtsverfolgung ist ihm also gegen den Beschädiger mehr erschwert, als im Falle eines Contrakts gegen den anderen Contrahenten, was jedenfalls nicht gerechtfertigt erscheint. Auch kann gegen den Vorschlag des Entwurfs nicht eingewendet werden, daß auf diesem Wege ein doppeltes Verfahren über dasselbe Vergehen eingeleitet werden müsse; da schon jetzt, nach §. 178. h. t. dem Beschädigten die besondere Klage im Civilgerichtsstande freigestellt ist, auch ihm überhaupt nicht zugemuthet werden kann, den vielleicht auf der Stelle festzusetzenden Civilanspruch von dem Ausgange des Strafprozesses abhängig zu machen.

Zum §. 76.

Der aus dem unehelichen Beischlafe gegen den zur Entschädigung Verpflichteten begründete Gerichtsstand ist, als hierher gehörig, in dem §. 76. aufgeführt. Derselbe gründet sich auf den §. 1087. Thl. II. Tit. 1. des Allgem. Landrechts und auf die Allerhöchste Kabinetsordre vom 30. September 1835 (Gesetzsamml. S. 216), durch welche diese Vorschrift in Betreff der Ausländer eine Beschränkung erlitten hat. Der §. 1087. a. a. O. spricht zwar eigentlich nur von der Entschädigung der Geschwächten, indessen kann es nicht das mindeste Bedenken haben, diese Vorschrift auch auf den, sogar wichtigeren, Fall der Alimentationsklage zu Gunsten des unehelichen Kindes auszudehnen.

Zu §§. 77—79.

Die Vorschriften der Prozeß-Ordnung Tit. 2. §§. 154 bis 158. über den Gerichtsstand der geführten Verwaltung haben hier darin eine Erweiterung erhalten, daß sie auf die Klage des Geschäftsführers, welche derselbe in Ansehung etwaiger Rechnungsvorschüsse aus der von ihm geführten Verwaltung anzustellen, veranlaßt werden könnte, ausgedehnt worden sind. In dem Corpus juris Fridericianum Thl. IV. Tit. 2. §§. 12. 22—24. war das forum gestae administralionis ebenfalls in dem Umfange aufgeführt, daß dadurch die Klage des Geschäftsführers in demselben Gerichtsstande nicht ausgeschlossen wurde, und scheint die Fassung der Prozeß-Ordnung, welche nur der Klage gegen den Geschäftsführer gedenkt, lediglich daher zu rühren, daß man nur diesen gewöhnlichen Fall dabei vor Augen hatte. Das ursprüngliche Motiv dieses außerordentlichen Gerichtsstandes besteht darin, daß die Rechnungslegung am besten und leichtesten dort erledigt wird, wo die Geschäftsführung stattgefunden hat. (L. 2. C. ubi de ratiocin. III. 21.) Derselbe Grund läßt sich auch für den Geschäftsführer, welcher Vorschüsse zu fordern hat, anführen. Ist die Rechnungslegung aber einmal erfolgt, so fällt für beide Theile mit dem Grunde desselben auch dieser Gerichtsstand weg.

Zu §§. 80—85.

Die Allgem. Gerichtsordnung handelt in den §§. 159 bis 165. von der sogenannten nothwendigen und freiwilligen Prorogation. Die erstere ist zum §. 80. als Gerichtsstand der Widerklage, was sie eigentlich ist, die letztere aber zum §. 81. als die eigentliche Prorogation bezeichnet und übereinstimmend mit den §§. 160 und 161. a. a. O. in den §§. 81 und 82. des Entwurfs dargestellt. Zugleich ist, wegen der darüber entstandenen Zweifel, die Bestimmung der Allerhöchsten Kabinetsordre vom 25. Februar 1833 (Gesetzsamml. S. 24.), nach welcher eine Prorogation in Ehescheidungssachen gänzlich untersagt ist, im §. 83. wiedergegeben.

Was die Prozeß-Ordnung an dieser Stelle sonst noch vorschreibt, daß nämlich der Richter sorgfältig zu prüfen habe, ob die bei ihm angebrachte Klage vor sein Forum gehöre, daß das von einem, der Prorogation ungeachtet, unbefugten Richter ergangenes Urtheil als nichtig angefochten und der Richter, welcher hierbei aus Vorsatz oder grobem Versehen gefehlt habe, in die Kosten verurtheilt werden könne, gehört nicht sowohl hierher, als zu den Vorschriften von der Verfügung auf die Klage, von den Nullitätsgründen und von den Kosten, und kommt auch dort noch einmal vor. Deshalb ist hier darüber hinweg gegangen. Nur der §. 163. a. a. O. erfordert noch eine nähere Erwägung. Nachdem nämlich im §. 162. a. a. O. die Verpflichtung eines jeden Gerichts, eine angebrachte aber nicht vor ihm gehörige Klage sogleich an das competente Gericht zu verweisen, ausgesprochen worden ist, wird hieraus im §. 163. gefolgert, daß also die bereits abgehandelte Prorogation eigentlich nur stattfinden könne, wenn ein Gericht wahrscheinlichen Grund gehabt habe, sich für den gehörigen Richter in der Sache zu halten, oder, wenn der Kläger, noch vor Erlassung der Citation, eine Erklärung des Beklagten, daß dieser die Prorogation sich gefallen lasse, beibringe. Nach dem Zusammenhange dieser letzteren Bestimmungen mit den übrigen Vorschriften kann darin nur ein Entschuldigungsgrund für den incompetenten Richter, welcher die nicht vor ihm gehörige Klage dennoch angenommen hat, nicht aber das Gebot gefunden werden, sich der Einleitung einer jeden mit Bewilligung des Beklagten angebrachten Klage in so fern zu unterziehen, als die Sache sich zur richterlichen Cognition überhaupt eignet und auch nicht dem Gegenstande nach vor ein besonderes Gericht gehört. Eine solche Ausdehnung der Prorogationsbefugniß der Parteien würde sich auch nicht rechtfertigen lassen, weil es sonst in die Willkühr der Parteien gestellt sein würde, die bestehenden Grenzen der Gerichtsbarkeit ganz außer Acht zu lassen und einen Richter so sehr mit Geschäften zu überhäufen, daß er außer Stande wäre, den eigentlichen Gerichtsuntergebenen eine prompte Rechtshülfe zu gewähren. Die Prorogation kann vielmehr, neben den durch das Gesetz festgestellten Grenzen einer jeden Gerichtsbarkeit nur dazu dienen, den Einwand der Incompetenz und die daraus herzuleitende Nullität des Verfahrens für den Fall abzuwenden, wenn ein dem Gegenstande nach fähiger, obwohl in der Sache selbst incompetenter Richter sich mit stillschweigender oder mit ausdrücklicher Bewilligung beider Theile, der Verhandlung einmal unterzogen hat. Um jedoch jedem Zweifel hierüber vorzubeugen, ist im §. 84. der Grundsatz ausdrücklich ausgesprochen, daß außer dem im §. 81. gedachten Falle eine Prorogation des Gerichtsstandes nicht stattfinde, und ein Gericht weder durch allgemeine Unterwerfung einer Partei unter seine Gerichtsbarkeit, noch durch vorgängige Vereinigung der in Streit befangenen Personen verpflichtet werden könne, eine Sache vor sich zu ziehen, welche gesetzlich vor ein anderes Gericht gehört. Unterzieht sich das ungehörige Gericht in dem letzteren, im §. 163. Tit. 2. der Prozeß-Ordnung ausdrücklich erwähnten, Falle der Verhandlung und Entscheidung der Sache; so kann dies Verhältniß nur als ein Compromiß angesehen und beurtheilt werden, und bedarf daher hier keiner Erwähnung.

Das Compromiß hat überhaupt für diese Materie nur darin einen Anknüpfungspunkt, daß durch dasselbe der gesetzliche Gerichtsstand ganz ausgeschlossen wird. Die Sache wird dem Ausspruche selbst gewählter Schiedsrichter unterworfen, während die Prorogation unter den verfassungsmäßig bestellten Gerichtsbehörden selbst eintritt. Hiernach gehört das Compromiß und das dabei zu beobachtende Verfahren, in so fern es unter öffentlichen Schutz gestellt ist, zwar in die Civilprozeß-Ordnung, nicht aber zur Darstellung des Gerichtsstandes, weil unter diesem nur der gesetzlich angewiesene Gerichtsstand verstanden werden kann. Es wird daher die Hinweisung im §. 84. des Entwurfs hier um so mehr genügen, als jedenfalls das in den §§. 167—176. der Prozeß-Ordnung h. t. mit abgehandelte Verfahren vor Schiedsrichtern mit dem Gerichtsstande nichts gemein hat.

Zum §. 86.

Nach der allgemeinen Bemerkung zu diesem Titel (zu 3.) ist hier eine einleitende Bestimmung über die Bedeutung des eximirten persönlichen Gerichtsstandes, so wie dessen Verhältniß zu dem Gerichtsstande der Nichteximirten gegeben. Es bedurfte dieses Gegensatzes und des dadurch von selbst festgestellten Begriffs des eximirten Gerichtsstandes, damit die Zweifel vermieden werden, welche die Prozeß-Ordnung dadurch herbeigeführt hat, daß sie von Eximirten theils in diesem hier beibehaltenen weiteren Sinne, theils in dem im

§. 44. Tit. 2. beschriebenen engeren Sinne redet. (cf. §§. 78. 79. 87. 100. Anh. §. 7.)

Uebrigens entspricht die Bestimmung selbst der bestehenden Verfassung (§§. 3. 8 und 77. Tit. 2. der Prozeß-Ordnung).

Zum §. 87.

Die Vorschrift, daß die Prinzen und Prinzessinnen des Königlichen Hauses ihren persönlichen Gerichtsstand bei dem mit dem Kammergerichte verbundenen Geheimen Justizrathe haben, so weit nicht Hausverträge hiervon eine Ausnahme machen, gründet sich auf den §. 41. Tit. 2. der Prozeß-Ordnung, die, durch das Rescript vom 13. Juni 1805. mitgetheilte, Allerhöchste Kabinetsordre vom 12. März 1805 (Edictensammlung Bd. II. S. 2949.) und die Allerhöchste Kabinetsordre vom 17. Juni 1806 (in Mathis juristischer Monatsschrift Bd. IX. S. 513.).

Zu §§. 88—90.

Diese Bestimmungen sind aus dem §. 10. des Anhangs zur Prozeß-Ordnung entnommen, welcher indessen, da er nur von regierenden deutschen Fürsten spricht, auf alle regierende Fürsten auszudehnen war; ferner aus der Instruktion vom 30. Mai 1820 §. 14. (Gesetzsamml. S. 81.) und aus dem §. 42. Tit. 2. der Prozeß-Ordnung.

Zum §. 91.

In dem §. 91. sind diejenigen Personen aufgeführt, welchen vermöge ihrer Aemter oder Würden der eximirte Gerichtsstand verfassungsmäßig zusteht. (Prozeß-Ordnung §§. 45. 53 bis 57. 73—75. Anhang §§. 12 und 20.) In Betreff einzelner Personen, die darin nicht erwähnt, oder auf andere Art bezeichnet worden sind, bleibt Folgendes zu bemerken.

Zu 1—5. Die im §. 45. a. a. O. einzeln aufgezählten eximirten Personen geistlichen Standes erscheinen dadurch genügend bezeichnet, daß außer den Vorstehern und Mitgliedern der Klöster, Dom- und andern Stifter, die bei einer christlichen Kirche angestellten Geistlichen aufgeführt worden sind. Nur diesen, nicht aber auch den Religionslehrern anderer blos geduldeter Kirchengesellschaften gebührt die Exemtion, da nur den ersteren die Rechte der Beamten des Staats beigelegt worden sind (Allgemeines Landrecht Thl. II. Tit. 11. §§. 19 und 97.).

Auch den, in dem ersten Entwurfe nach Analogie der für Referendarien und Auskultatoren geltenden Bestimmungen, als Eximirte mitaufgeführten Predigtamts-Kandidaten hat die Exemtion nicht beigelegt werden können, weil sie amtlich noch nicht verpflichtet sind, was hingegen bei den, in Folge des Anhangs §. 7. eximirten, Auskultatoren und Referendarien allerdings der Fall ist. Nach dem §. 65. Thl. II. Tit. 12. des Allgem. Landrechts gebührt nur den Lehrern der höheren Schulen, als Beamten des Staats, der eximirte Gerichtsstand. Es ist daher inconsequent, wenn in dem Anhang §. 11. zur Prozeß-Ordnung den Schullehrern, welche studirt haben und nach vorhergegangener Prüfung der oberen Behörden zum wissenschaftlichen Unterrichte der Jugend bestellt worden sind, die Exemtion beigelegt wird, in so fern darunter andere, als die obgedachten Lehrer, verstanden sein sollten. Diese Anomalie ist deshalb hier vermieden.

Die Exemtion der Studirenden, sofern sie der akademischen Gerichtsbarkeit nicht unterworfen sind, gründet sich auf den §. 4. des Reglements vom 28. Dezember 1810 (Gesetzsammlung S. 142.) und ist im vorliegenden Entwurf um so mehr beibehalten worden, als es rathsam erscheint, unter diesen jungen Leuten, während ihres Aufenthalts auf Universitäten, keine Verschiedenheit des Gerichtsstandes eintreten zu lassen.

Die Exemtion der Rectoren, Professoren, Privatdocenten, Syndici, Secretairs der Universitäten, welche der §. 2. des vorgedachten Reglements anordnet, ist auf alle Beamte der Universitäten ausgedehnt worden, weil bei denselben derselbe Grund dafür eintritt.

Endlich ist die Exemtion der Inhaber akademischer Würden fernerhin nicht mehr, wie im §. 74. der Prozeß-Ordnung geschehen ist, davon abhängig gemacht worden, daß sie jene

Würde nach vorgängiger gesetzmäßiger Prüfung erlangt haben, da dem Kläger nicht zugemuthet werden kann, hierüber erst Erkundigungen einzuziehen, und überdies den Titularbeamten die Exemtion, wie den wirklichen Beamten zusteht.

Des eximirten Gerichtsstandes der Mitglieder des Königlichen Theaters bedurfte es hier keiner Erwähnung, da sie gegenwärtig zum Königlichen Hofstaat gehören und als Königliche Hofbediente jenen Gerichtsstand haben.

Zu 6. Die Bestimmung wegen der eximirten Militairpersonen ist aus den §§. 12 und 20. des Anhangs zur Prozeß-Ordnung, so wie aus dem §. 75. der Landwehr-Ordnung vom 21. November 1815 (Gesetzsammlung pro 1816 S. 89.) entnommen und nur anstatt der Worte des Anhangs §. 12.: „die Offiziere rc., imgleichen die Unterstabs-Bedienten und andere im Range ihnen gleich zu achtende Militairpersonen" gesagt worden: „die Offiziere rc., so wie die im Offiziersrange stehenden Militairbeamten;" weil hierdurch richtiger und der jetzigen Militairverfassung entsprechender ausgedrückt wird, daß außer den Offizieren auch die beim Militair mit Offiziersrang angestellten Beamten den eximirten Gerichtsstand genießen.

Zu 7. In Ansehung der hier dargestellten Exemtion der unmittelbaren Staatsdiener sind die §§. 53—55. 73. Tit. 2. und §. 7. des Anhangs zur Prozeß-Ordnung wiedergegeben.

Die Exemtion der bei den Regierungen förmlich angestellten Conducteure hat zwar, da sie zu den verpflichteten Beamten gehören, kein Bedenken; da aber Zweifel darüber obgewaltet haben, (conf. Rescript vom 10. Januar 1832. Jahrbücher Bd. 39. S. 148.), so erscheint es rathsam, diese Exemtion in gleicher Weise, wie die der Referendarien und Auskultatoren, ausdrücklich auszusprechen.

Den Notarien, denen die Prozeß-Ordnung §. 56. h. t. die Exemtion abspricht, ist solche, da sie wirklich zu den öffentlichen Beamten gehören, beigelegt; und eben so den bloßen Justizcommissarien, deren Exemtion, da der §. 55. a. a. O. nur der Justizcommissarien und Notarien gedenkt, wenigstens nicht als unzweifelhaft anzusehen war.

Zu 8. In Ansehung der Hofdienerschaft der Prinzen und Prinzessinnen des Königlichen Hauses, deren Exemtion nach §. 100—102. Tit. 2. der Prozeß-Ordnung keinem Bedenken unterliegt, ist durch das in Folge der Allerhöchsten Kabinetsordre vom 11. Januar 1831 ergangene Rescript vom 14. Juli 1831 (Jahrb. Bd. 38. S. 101.) festgestellt worden, daß ihnen, eben so wie der Königlichen Hofdienerschaft, in Schuldsachen die Begünstigungen der Staatsbeamten zu Statten kommen. Aus demselben, dieser Entscheidung zum Grunde liegenden Prinzipe, mußten sie daher auch hier unter den Civilbeamten ihre Stelle finden. In Ansehung der Prinzlichen Räthe war dies um so nothwendiger, als deren Aufführung im §. 100. Tit. 2. der Prozeß-Ordnung die irrige Ansicht erweckt hat, als stehe ihnen der eximirte Gerichtsstand nur zu, wenn sie zugleich zu den Hausofficianten gehören. (Merkel, Commentar zu §. 100.)

Zu 9 u. 10. Diese Vorschrift ist in Betreff der Beamten der vormals reichsunmittelbaren Standesherren entnommen aus dem §. 42. der Instruction vom 30. Mai 1810 (Gesetzsamml. S. 93.). Hinsichtlich der Beamten anderer Standesherren ist dagegen auf die bisherige Verfassung und auf die Rezesse verwiesen worden, da es nicht die Absicht sein kann, darin hier etwas zu ändern, andererseits aber diese besonderen Exemtionen, wie sich solche z. B. in der Grafschaft Wernigerode in Folge des Rezesses vom 13. August 1822 (Jahrb. Bd. III. S. 345.) und der Allerhöchsten Kabinetsordre vom 8. August 1836 (Gesetzsamml. S. 220.) gebildet haben, zur Aufnahme in das allgemeine Gesetz nicht geeignet erscheinen.

Zu 11. Die mittelbaren Staatsbeamten genießen nach den §§. 108 und 109. Thl. I. Tit. 10. des Allgem. Landrechts nur in so fern den eximirten Gerichtsstand, als sie von dem Landesherrn mit einem Charakter bekleidet sind. Es erscheint der Stellung solcher Beamten angemessen, ihnen die Exemtion auch für solche Fälle zuzusprechen, wenn deren Ernennung oder Bestätigung dem Könige vorbehalten ist, wie z. B. die der Ober-Bürgermeister nach dem §. 94. der Städte-Ordnung vom 17. März 1831 (Gesetzsamml. S. 23.).

Zu 12. Obgleich die Justitiarien nicht unmittelbare und überhaupt nicht Staatsdiener sind; so sind ihnen doch verschiedene einzelne Rechte derselben nach und nach beigelegt, ungeachtet der Anhang der Gerichtsordnung §. 21. eine zu weite Fassung erhalten. Daß ihnen, als solchen, der eximirte Gerichtsstand grundsätzlich nicht zustand, geht aus dem ihnen später beigelegten eximirten Gerichtsstand hinreichend hervor, obwohl der Fall, daß ein Patrimonialrichter denselben nicht für seine Person besessen und auf dem Lande gewohnt hatte, wohl selten vorkam. In spätern Zeiten ward er häufiger und würde hieraus der Mißstand hervorgegangen sein, daß er unter dem Patrimonialgericht, bei welchem er selbst Richter ist, gestanden haben würde. Deshalb ist den Justitiarien, ohne Unterschied, ob sie auf dem Lande in ihrem Gerichtsbezirke leben oder nicht, durch die Allerhöchste Kabinetsordre vom 31. Oktober 1841 (Gesetzsamml. S. 292.) der eximirte Gerichtsstand beigelegt.

Zum §. 92.

Es ist bei der bestehenden Verfassung belassen. Wenn aber nach §. 58. Tit. 2. der Prozeß-Ordnung den Obergerichten, in Ansehung der Königlichen Bedienten niedern Ranges die Delegationsbefugniß nur unter Genehmigung der vorgesetzten Behörde freigestellt worden ist; so hat dies dahin ergänzt werden müssen, daß sowohl die Genehmigung des Justiz-Ministers, als auch die des Departements-Chefs der Beamten, nach den bestehenden Ressortverhältnissen, erfordert worden ist, da derselbe allerdings ein officielles Interesse daran hat, ob die Beamten seines Ressorts einen eximirten oder nicht eximirten Gerichtsstand haben.

Daß sich diese Delegationsbefugniß nicht auf die Königliche Hofdienerschaft erstreckt, sagt der Anh. §. 29. (conf. Rescript vom 11. August 1810. Mathis, Bd. 9. S. 331.). Die Verordnung für den Justitiarius der Königlichen und Prinzlichen Hofmarschall-Aemter vom 9. März 1837 (Gesetzsammlung S. 24.) hat in dem Justitiarius einen beständigen Commissarius des Kammergerichts zur Erledigung der Rechtssachen der Königlichen Hofdienerschaft, so wie der der

Prinzen und Prinzessinnen des Königlichen Hauses, jedoch mit Ausnahme derjenigen des Prinzen August Königlichen Hoheit, in dem in der Verordnung näher angegebenen Umfange bestellt, was indessen den eximirten Gerichtsstand dieser Personen nicht aufhebt und hier eben so wenig einer besonderen Erwähnung bedurfte, als die bereits bestehenden Delegationen anderer eximirter Beamten.

Zum §. 93.

Der §. 93. giebt den §. 71. der Prozeß-Ordnung a. a. O. wieder; dagegen ist die Vorschrift des §. 72. a. a. O. übergangen, nach welcher, wenn diesseitige Gesandten vor ihrer Versendung bereits einen ordentlichen persönlichen Gerichtsstand gehabt haben, die übrigen davon abhängenden persönlichen Rechte, durch das neue Forum, bei dem mit dem Kammergerichte verbundenen Geheimen Justizrathe, nicht geändert werden sollen. Denn eine solche, die jura status betreffende Vorschrift gehört in das materielle Recht, nicht aber in die Prozeß-Ordnung.

Zum §. 94.

Der Grundsatz, daß Titularbediente gleich den wirklich Angestellten die Exemtion genießen sollen, ist in den §§. 53. 59. 80. der Prozeß-Ordnung deutlich ausgesprochen und beruht auf der Natur eines Titels und den mit demselben verbundenen Prärogationen.

Zu §§. 95 und 96.

In den §§. 95 und 96. des Entwurfs sind die Vorschriften der §§. 60 und 61. der Prozeß-Ordnung h. t. und des Anhangs §. 22., mit Hinweisung auf den Inhalt des §. 40. des Entwurfs wiedergegeben.

Zu §§. 97 und 98.

Den Verlust der Exemtion für den Fall, daß ein Geistlicher, Militair oder Civilbediente cassirt wird, spricht der §. 85. der Prozeß-Ordnung bestimmt aus. Dagegen soll die Exemtion, nach §. 83. a. a. O., dadurch nicht aufgehoben werden, wenn ein Eximirter in Ansehung der Bedienung, wodurch er diese Qualität erlangt hat, auf sein Ansuchen, oder sonst in Gnaden, seine Dimission mit Beibehaltung seines Charakters erhält. Auch die durch unfreiwillige Dienstentlassung auf administrativem Wege entlassenen Beamten behalten ihren eximirten Gerichtsstand, wie durch die Rescripte vom 6. Januar 1832 und 27. Oktober 1834 (Jahrbücher Bd. 39. S. 147. und Bd. 44. S. 360.) ausdrücklich anerkannt ist. Hiermit übereinstimmend ist im §. 97. des Entwurfs der Verlust der Exemtion nur für den Fall der Amtsentsetzung oder der mit ausdrücklicher Verlusterklärung des Ranges und Titels erfolgten Dienstentlassung ausgesprochen, was um so weniger Bedenken finden konnte, als nach dem neuesten Entwurfe des Gesetzes über das Strafverfahren gegen Beamte die unfreiwillige Dienstentlassung im Verwaltungswege den Verlust des Ranges und Titels nicht ohne Weiteres nach sich ziehen, vielmehr nur gestattet sein soll, diesen Verlust wegen erschwerender Umstände besonders auszusprechen. Beamte, welche nicht im Staatsdienste im engeren Sinne stehen und daher mit dem Ausscheiden aus demselben ihren Titel verlieren, z. B. Referendarien, verlieren daher, wenn ihr Charakter ihnen bei der Entlassung nicht ausdrücklich vorbehalten ist, den eximirten Gerichtsstand.

Der §. 98. giebt den §. 102. Tit. 2. der Prozeß-Ordnung wieder.

Zum §. 99.

Die im §. 109. Tit. 2. der Prozeß-Ordnung beim dinglichen Gerichtsstande abgehandelte Exemtion des Bewohners eines ihm zugehörigen, in Ansehung des Gerichtsstandes eximirten Gutes (Allgem. Landrecht Thl. II. Tit. 7. §. 7.) gehört, da sie sich nicht auf die des Guts beschränkt, sondern auf die persönlichen Verhältnisse des Besitzers sich bezieht, als eine Art der persönlichen Exemtion unbedenklich hierher.

Sie beruht auf dem allgemein und auch im Allgemeinen Landrecht Thl. II. Tit. 17. §. 44. anerkannten Grundsatz,

Es folgt aus demselben, daß auch alle diejenigen, welche den Gerichtsstand des Mannes und des Vaters haben, zugleich mit demselben den eximirten Gerichtsstand erhalten. Daselbst (§§. 44 und 46.) heißt es, daß der Gutsherr nicht unter seinen eigenen Gerichten stehen könne. Dieser Gesichtspunkt streitet nicht geradezu mit der Entscheidung des Justiz-Ministers, Rescr. v. 14. Juli 1812 (in den Jahrbüchern Bd. I. S. 237.) und des daraus entnommenen Anhangs §. 33. zur Prozeß-Ordnung, nach welcher der Ehemann der Eigenthümerin des eximirten Guts, der auf demselben wohnt, nicht eximirt sein soll. Es würde allerdings, wie auch in jenem Rescripte aus dem §. 87. Tit. 2. der Prozeß-Ordnung richtig hergeleitet wird, gefolgert werden können, daß die Eigenthümerin und Bewohnerin des eximirten Guts durch die Heirath mit einem Nichteximirten ihren eximirten Gerichtsstand verliere und in den ihres Ehemannes überginge, beide mithin unter der eigenen Gerichtsbarkeit ständen, was doch nach den §§. 44 und 46. Thl. II. Tit. 17. des Allgem. Landrechts in Ansehung der Ehegatten und Kinder des Gerichtsherrn gleichfalls nicht der Fall sein soll. Dies Argument dürfte indessen mehr scheinbar, als gegründet sein. Allerdings folgt die Frau dem Forum des Mannes, das ist die Regel; jede Regel unterliegt aber Ausnahmen und diese ist demselben ebenfalls unterworfen. Solche Ausnahmen können unter öffentlichen und Hofbeamten vielfältig vorkommen, indem es unter denselben auch wirkliche, etatsmäßig angestellte Leute weiblichen Geschlechts, z. B. Kammerfrauen, Kastellaninnen, Schauspielerinnen, Oberlehrerinnen, Vorsteherinnen einer Lehranstalt ꝛc. giebt, die alle ein forum exemtum haben, während der Mann dasselbe nicht hat und, da er dem foro der Frau nicht folgt, weder durch seine Heirath mit derselben, noch durch ihre Anstellung dasselbe erhält. Sie erwirbt aber ihr forum exemtum und verliert dasselbe nicht, wenn sie es vor ihrer Heirath schon besaß, weil sie sich nicht ihrem eigenen foro unterwerfen kann und es kein anderes forum n o n e x e m t u m giebt, hier auch der Grund der Exemtion fortbesteht. Anders verhält es sich mit dem foro exemto wegen des Adels, weil die Frau denselben durch die Heirath verliert. Dieser Fall wird zwar nicht häufig vorkommen, giebt aber dann zu Collisionen Anlaß. Da es allerdings auffallend sein würde, wenn der Mann der Gerichtsbarkeit seiner Frau und, nach deren Tode, seines Sohnes unterworfen wäre; so ist für denselben das eximirte Forum vorgeschlagen.

Der eximirte Gerichtsstand steht jedoch nach dem Allgem. Landrecht Thl. I. Tit. 21. §. 45. dem Nießbraucher eines eximirten Guts nicht zu, wenn ihm nicht die Verwaltung des Inbegriffs der Güter und Gerechtsame (Allgemeines Landrecht Thl. II. Tit. 11. §. 599. Tit. 17. §. 29.), oder nach dem §. 46. Tit. 21. Thl. I. des Allgem. Landrechts die Ausübung der Ehrenrechte übertragen ist.

Zum §. 100.

Das dieser Vorschrift zum Grunde liegende Prinzip ist bereits oben zu den §§. 33—35. gerechtfertigt. Hier bedurfte es indessen der ausdrücklichen, aus den §§. 87 u. 95. Tit. 2. der Prozeß-Ordnung entnommenen Bestimmung, daß Ehefrauen und der väterlichen Gewalt unterworfene Kinder auch an der Exemtion ihrer Ehemänner oder Väter Theil nehmen, da dies im §. 33. nicht ausgedrückt ist. In Betreff der Kinder aus einer Ehe zur linken Hand enthält zwar der §. 99. a. a. O. eine entgegengesetzte Vorschrift; wenn indessen die Ehefrauen und selbst das Gesinde an dem eximirten Gerichtsstande des häuslichen Vorstandes Theil nehmen; so ist auch kein Grund vorhanden, jene Kinder davon auszuschließen.

Der §. 90. Tit. 2. der Prozeß-Ordnung bestimmt ebenfalls, daß die Wittwe eines Eximirten, so lange sie den Wittwenstuhl nicht verrückt, mithin auch in dem Falle die Exemtion behält, wenn sie im Wittwenstande ein anderes Domizil nimmt. Hiervon sind zwar in dem §. 91. a. a. O. Ausnahmen in Ansehung der Wittwen der Oberförster und anderer Forstbedienten von gleichem Range, so wie der niedern

Subalternen bei den Königlichen Collegien gemacht, dagegen die Wittwen der Kanzellisten durch den Anhang §. 25. wieder unter jene Regel gestellt worden. Indessen konnte jene Regel, ohne diese Ausnahmen, um so füglicher ausgesprochen werden, als die in Betreff der Ehemänner statt gehabte Delegation (§. 92. des Entwurfs) sich auch auf deren Wittwen erstreckt (conf. Anhang. §. 26.).

Die Prozeß-Ordnung §. 98. läßt nach dem Tode des Eximirten für seine Kinder die Exemtion über die Minderjährigkeit hinaus so lange fortdauern, bis dieselben eine Bedienung erhalten, ein Gewerbe anfangen, oder durch Heirath oder sonst in einen andern Gerichtsstand übergehen. Diese Bestimmung führt manche Inconvenienzen mit sich, indem namentlich für den Fall, daß das volljährige Kind seinen Wohnsitz nicht ändert, oder sonst auf die gedachte Weise in keinen andern Gerichtsstand übergeht, nun auch wieder dessen Kinder die Exemtion des Großvaters genießen. Ueberhaupt hängt aber jene Bestimmung genau mit den Vorschriften der Prozeß-Ordnung über den Gerichtsstand der Herkunft zusammen, deren Unhaltbarkeit bereits zu den §§. 33—35. dargestellt worden ist. Uebereinstimmend mit den Grundsätzen, welche dort angenommen worden, ist daher auch hier die Minderjährigkeit als derjenige Zeitpunkt bestimmt, bis wohin die Kinder die Exemtion ihres verstorbenen Vaters nur behalten. Diejenigen Kinder, welche die Exemtion durch die Geburt, mithin aus eigenem Rechte, genießen, können natürlich durch diese Beschränkung nicht betroffen werden.

Zum §. 101.

Die Prozeß-Ordnung §. 94. h. t. verweist in Betreff der geschiedenen Frauen auf die Vorschriften des Allg. Landrechts Thl. II. Tit. 1. §§. 738. 739. Hiernach behält die geschiedene Ehefrau in der Regel den bisherigen Stand und Rang des Mannes. Ist sie aber ausdrücklich für den schuldigen Theil erklärt; so fällt sie in den vor der Ehe gehabten niedrigeren Stand zurück. Hieraus entsteht für den Kläger die Nothwendigkeit, zur Ermittelung dieses Gerichtsstandes zuvor das Ehescheidungsurtheil einzusehen. Um diesem Uebelstande abzuhelfen, ward bei der frühern Revision im ersten Entwurf (§. 64.) vorgeschlagen, die Fortdauer der Exemtion an das äußere Kennzeichen der Beibehaltung des Namens zu knüpfen. Da die geschiedene und für den schuldigen Theil erklärte Frau nach §. 742. a. a. O. den Namen des Mannes wider dessen Willen nicht fortführen darf; so würde sie alsdann, sofern ihr der Mann die Fortführung seines Namens gestattet, damit auch die Exemtion beibehalten, welches auch besser ist, als daß Dritte durch die Fortführung des Namens zu Klagen in einem ungehörigen Gerichtsstande verleitet werden. Daher ist die Fortdauer der Exemtion von der Fortführung des Namens abhängig gemacht, und wegen der Befugniß hierzu auf die Ehescheidungsgesetze verwiesen worden.

Dagegen mußte wegen der andern Frage, ob nämlich die geschiedene Frau eines Nichteximirten, welche vor dieser Ehe zu den Eximirten gehörte, in den vorigen eximirten Stand mittelst Annahme des früheren Geschlechts- oder Wittwen-Namens wieder zurücktritt? auf die bestehenden Gesetze lediglich verwiesen werden. Denn hiernach hat die Wiederannahme des vorigen Namens diese Wirkung nur alsdann, wenn die geschiedene Frau nicht für den schuldigen Theil erklärt worden ist (Allgem. Landrecht a. a. O. §§. 740 und 741.). Es erscheint daher unstatthaft, der schuldigen Ehefrau die frühere Exemtion unbedingt und selbst auch für den Fall zuzusprechen, wenn der Ehemann ihr vielleicht, nach der ihm gestatteten Befugniß, die Fortführung seines Namens untersagt und sie deshalb den vorigen Namen wieder angenommen hat.

Zu §§. 102—104.

Es sind hier die übrigen Bestimmungen der §§. 100 bis 102. der Prozeß-Ordnung h. t., so wie des Anhangs §. 28. wiedergegeben, nachdem die Exemtion der Prinzlichen Räthe und Hofdienerschaft bereits oben festgestellt worden ist (§§. 91 und 98. des Entwurfs).

Bei der ersten Revision war die Aufhebung des eximirten Gerichtsstandes des Gesindes der Eximirten vorgeschlagen, theils weil bei den bisherigen Delegationen die Erfahrung und das praktische Bedürfniß gegen diesen eximirten Gerichtsstand sprächen, theils weil auch das Prinzip dessen Beibehaltung nicht fordere.

Der Grund (wird in dem Deputations-Berichte Thl. III. Abth. 1. S. 40. bemerkt), weshalb die Prozeß-Ordnung den eximirten Gerichtsstand der Herrschaft auf das Gesinde übertragen habe, sei wahrscheinlich der, weil sie dieses zur Familie zählte. Wenigstens schienen die Verfasser des Allgem. Landrechts dieser Ansicht gewesen zu sein, indem das Allg. Landrecht Thl. I. Tit. 1. §. 4. das Gesinde mit zur häuslichen Gesellschaft rechne und auch von den Rechten der Herrschaft und des Gesindes unmittelbar nach dem Familienrechte handle; es beruhe aber das Verhältniß zwischen Herrschaft und Gesinde, wie das Allg. Landrecht selbst anerkenne, lediglich auf einem Vertrage, der eben so leicht aufgelöst als geschlossen werde. Dasselbe sei ein durchaus veränderliches Verhältniß, und jenachdem das Gesinde in den Dienst eines Eximirten oder Nichteximirten trete, verändere sich auch sein Gerichtsstand, wenn er an der Exemtion der Herrschaft Theil nehme, was nicht ohne Nachtheil für die Rechtspflege geschehen könne; das Gesinde habe allerdings sein Domizil bei der Herrschaft, welcher es diene, dies sei ein von allen Prozeß-Ordnungen angenommener Grundsatz, aber hieraus folge keinesweges, daß es auch der Exemtion theilhaftig werden müsse, welche der Herrschaft vermöge einer persönlichen Eigenschaft zukomme, und welche sich auf die Frau und Kinder nicht deshalb erstrecke, weil sie mit dem Ehemann und Vater in Einem Hause wohnen, sondern wegen der unitas personae und weil dieser sie gesetzlich vertrete.

Die Irrelevanz dieser Gründe liegt von selbst vor. Die Theilnahme des Gesindes an dem Gerichtsstande der Herrschaft beruht darauf, daß ersteres zur häuslichen Gesellschaft der letzteren gehöre, es aber billig und angemessen sei, daß diese Gesellschaft Einem Gerichtsstande unterworfen und nicht unter mehrere Gerichtsbarkeiten zertheilt sei. Dieser Gesichtspunkt hat seit den ältesten Zeiten in Deutschland so allgemein vorgeherrscht, daß selbst die Dienstboten der Mitglieder der höchsten Gerichtshöfe vor diesen höchsten Instanzen ihren Gerichtsstand gehabt haben und sogar die Dienstboten der Mitglieder der Reichsgerichte eben so reichsunmittelbar gewesen sind, wie letztere.

Bei der gegenwärtigen Revision sind daher die dagegen angeführten Gründe nicht für hinreichend gehalten, um von der Bestimmung der Allg. Ger. Ordn. abzugehen. Allerdings liegt der Vorschrift der Prozeß-Ordnung über die Theilnahme des Gesindes an der Exemtion ihrer Herrschaft die angeführte allgemeine Ansicht, daß dasselbe zur häuslichen Gesellschaft gehöre und daher keinen eigenen, von derselben unabhängigen und für sich besonders bestehenden Gerichtsstand haben könne, zum Grunde, allein eben deshalb ist die Vorschrift angemessen. Die Gesetze kennen davon nur eine Ausnahme, welche sie auch besonders ausheben, nämlich den Fall, in welchem der Dienstherr zugleich die Gerichtsbarkeit besitzt und daher der Dienstbote derselben entzogen würde, wenn er dem Forum der Herrschaft unterworfen wäre, nämlich das im Patrimonial-Jurisdictions-Bezirke einer Gutsherrschaft sich befindende Gesinde (Allgemeines Landrecht Thl. II. Tit. 17. §. 47. und Anhang §. 28. der Prozeß-Ordnung). Die Auffassung des Verhältnisses zwischen Herrschaft und Gesinde, als eines rein contraktlichen, steht dieser Ansicht überall nicht entgegen, indem der Vertrag allerdings die Unterlage der privatrechtlichen Verhältnisse zwischen denselben bildet, daraus aber keinesweges folgt, daß der Dienstbote nicht zur häuslichen Gesellschaft gehöre und nicht der hausherrlichen Gewalt und Obsorge unterworfen sei. Die Gesetze haben daher hierbei auch das Ansehen und die Verhältnisse dieser Hausgesellschaft berücksichtigt, mit welchen es nicht übereinstimmen würde, wenn der Dienstbote nicht dem Gerichtsstande der Hausgesellschaft unterworfen wäre, sondern seinen abgesonderten habe und dadurch von der Hausgesellschaft entfernt wird, woraus überdem manche Inconvenienzen entstehen könnten, wenn in demselben Hause zwei Gerichtsbarkeiten Statt finden, so wie auch, wenn die Dienstboten durch Reconventionen ihre Herrschaften vor die Untergerichte ziehen könnten. Es sind daher keine Gründe vorhanden, von der bestehenden Verfassung abzuweichen.

Die Ausnahme in Betreff der Dienstboten der Studirenden gründet sich auf den §. 3. des Reglements vom 28sten Dezember 1810 (Gesetzsamml. S. 142.).

Der §. 103. beruhet auf dem Allgem. Landrecht Thl. II. Tit. 17. §. 47. und Anh. §. 28. der Allg. Gerichtsordnung.

Zum §. 105.

Der §. 105. tritt an die Stelle der §§. 103—105. Tit. 2. der Prozeß-Ordnung und der §§. 30 u. 35. des Anhangs. Der eximirte Gerichtsstand der Korporationen ist keinesweges schon in der Eigenschaft einer moralischen Person, sondern entweder auf der ausdrücklichen Beilegung desselben oder darauf gegründet, daß sie selbst vermöge ihrer Stiftung, Verfassung und Bestimmung unmittelbar unter der Gerichtsbarkeit des Landesherrn steht und nicht unter die eines Untergerichts übergegangen ist. Es ergiebt sich daher von selbst, daß landesherrliche Korporationen, Behörden und Institute jeder Art, so wie ständische und adliche Korporationen der Gerichtsbarkeit eines Untergerichts schon deshalb nicht unterworfen sein können, weil sowohl ihre Begründer, als ihre Mitglieder, den eximirten Gerichtsstand haben. Die Exemtion der öffentlich aufgenommenen Kirchengesellschaften, als solcher, beruht auf denselben Gründen, wenn sie nicht schon daraus folgte, daß sie früher überall nicht unter der weltlichen, sondern unter der geistlichen Gerichtsbarkeit standen, diese aber in der evangelischen Kirche auf die Landesherren, nicht aber auf die Untergerichte übergegangen ist. Alle einheimische Gesetze und insonderheit das Allgemeine Landrecht Thl. II. Tit. 11. §§. 17 und 950. haben diesen Grundsatz anerkannt.

Hinsichtlich des Fiskus könnte dies nach §. 35. des Anhangs zur Allgemeinen Gerichtsordnung und dem §. 34. der Verordnung vom 26. Dezember 1808 zweifelhaft erscheinen, weil nach demselben der Fiskus nur dann sein Forum vor dem Obergerichte der Provinz hat, wenn der Gegenstand des Streites unter unmittelbarer Verwaltung der Regierung steht. Allein diese Ausnahme bildet vielmehr die Regel, indem alles Vermögen des Fiskus unter unmittelbarer Verwaltung der Staatsbehörden steht und kann daher nur von dem Vermögen der Korporationen und Gemeinden, welche es unter Aufsicht der Regierung verwalten, gesagt werden, daß es mittelbar unter der Verwaltung der Regierungen steht. Versteht man aber jene Vorschrift wörtlich dahin, daß die Untergerichte competent sein sollen, wenn der Gegenstand des Rechtsstreites nicht von dem Regierungs-Collegium, sondern von einer der Regierung untergeordneten Behörde, z. B. einem Rentamte, verwaltet wird; so erscheint dennoch die Anwendung jenes Grundsatzes auf alle gegen den Fiskus zu erhebenden Ansprüche um so rathsamer, als dadurch den Zweifeln über die Competenz, wozu jene Vorschrift führen mußte, zugleich völlig abgeholfen wird. Das forum exemtum der Königlichen Mediatstädte endlich ist durch die Königliche Kabinetsordre vom 16. Mai 1839 (Gesetzsamml. von 1839 S. 265.) bestätigt. — Der §. 105. Tit. 2. der Prozeß-Ordnung enthält eine Vorschrift, nach welcher nichteximirte Gemeinden, oder einzelne Klassen derselben, welche einer Privatgerichtsbarkeit unterworfen sind, die Einlassung vor dem Gerichtshalter ablehnen können, wenn die Gerichtsherrschaft Klage gegen sie erhoben hat, welchemnächst das Obergericht die Sache vor sich ziehen muß. Diese Vorschrift ist jedoch, als nicht hierher, sondern zu den Bestimmungen über die Patrimonialgerichtsbarkeit gehörig (Allgem. Landrecht II. 17. §. 41 seq.), übergangen worden.

Zu §§. 106 und 107.

Durch die Vorschrift des §. 106. ist, nach der diesem Titel vorausgeschickten Bemerkung, das Verhältniß des eximirten Gerichtsstandes zu den übrigen Gerichtsständen deutlich hervorgehoben.

Der §. 107. giebt den §. 78. der Prozeß-Ordnung h. t. wieder.

Zum §. 108.

Die Allgem. Gerichtsordnung Thl. I. Tit. 2. §. 108 ff. hat nicht allein die Lehre von dem dinglichen eximirten Gerichtsstande nur theilweise und undeutlich behandelt, sondern ist auch zum Theil unrichtig abgefaßt. Dies ist insonderheit in Ansehung des §. 108. der Prozeß-Ordnung der Fall, welcher bestimmt:

> vermöge dieses dinglichen Gerichtsstandes sind der unmittelbaren Jurisdiction der Landes-Justiz-Collegien untergeordnet sämmtliche geistliche, ritterfreie und zu adlichen Rechten verliehene Güter und Grundstücke. Eben dahin gehören auch Güter und Grundstücke der Universitäten und anderer Gelehrten-Schulen. Hingegen sind Grundstücke, die zu einer gemeinen Schule gehören, von der ordentlichen Real-Jurisdiction des Orts in der Regel nicht ausgenommen.

Die Fassung dieses §. 108. hat die irrthümliche Ansicht veranlaßt, daß derselbe die eximirten Güter überhaupt aufführe, und sind daher 1) sämmtliche geistliche, 2) sämmtliche ritterfreie, 3) zu adlichen Rechten verliehene Güter und 4) die Grundstücke der Universitäten, in Beziehung auf den Gerichtsstand als eximirt angesehen worden. Der §. 108. der Gerichtsordnung bezeichnet indessen überall nicht alle unter dem eximirten Gerichtsstande befindlichen Güter, sondern lediglich die Güter und Grundstücke der **Universitäten und anderer Gelehrten-Schulen**, welche eines solchen Gerichtsstandes genießen, und rechnet zu denselben die in dem Paragraph angeführten Kathegorien, nicht aber *sämmtliche* Güter und Grundstücke dieser Gelehrten-Anstalten, und rechtfertigt daher keineswegs den Grundsatz, daß allen, denselben gehörigen Grundstücken der eximirte dingliche Gerichtsstand zusteht. Dieser Grundsatz würde dem Begriff des dinglichen Gerichtsstandes geradezu widerstreiten und zu dem Grundsatze führen, daß die persönliche Exemtion des Besitzers eines Grundstücks dem letztern die dingliche Exemtion mittheile, woraus wieder folgen würde, daß wenn ein Edelmann ein städtisches Grundstück erwirbt, dieses in den eximirten dinglichen Gerichtsstand übergehe. Der §. 108. führt vielmehr die Güter der höhern Unterrichtsanstalten, welche des eximirten dinglichen Gerichtsstandes genießen, in völliger Uebereinstimmung mit dem allgemeinen Grundsatz an, indem dieser Gerichtsstand allen hier gedachten Grundstücken vermöge deren Eigenschaft ohnehin schon zusteht, da unter den geistlichen Gütern diejenigen verstanden sind, welche den Universitäten und höhern Unterrichtsanstalten bei ihrer Fundation und nachher aus dem Vermögen der säcularisirten Stifter oder Klöster oder aus den landesherrlichen Domainen gegeben wurden und daher schon bei dem Uebergang an diese Unterrichts-Anstalten die dingliche Exemtion besaßen.

Der Begriff des eximirten dinglichen Gerichtsstandes und ein allgemein gültiger Grundsatz für die Bestimmung der, unter demselben stehenden Güter, können im Allgemeinen nicht näher, als dahin gegeben werden, daß jener die unmittelbare Gerichtsbarkeit des Landesherrn und der unmittelbare Gerichtsstand vor demselben ist, und daß zu diesen Gütern alle diejenigen gehören, welche dem Gerichtsstande vor dem Landesherrn unmittelbar oder, wie die älteren Gesetze es sehr treffend bezeichnen: „ohne Mittel“ unterworfen sind, über welche mithin keine andere Gerichtsbarkeit unter der landesherrlichen besteht. Es geht hieraus hervor, daß die nähere Verfassung des eximirten dinglichen Gerichtsstandes nur nach der besondern Verfassung eines jeden Landes bestimmt werden kann, weshalb auch die Prozeß-Ordnung auf die Provinzialverfassungen verweiset. Es haben indessen in Deutschland sich darüber geschichtlich sehr übereinstimmende Grundsätze aus der Natur der Sache selbst gebildet. Wenn der Landesherr seinem Adel oder einer Stadt die Gerichtsbarkeit verlieh; so leuchtet von selbst ein, daß er dieselbe weder jenem, noch dieser, über sich selbst und ihre Güter, sondern nur über ihre Hintersassen, so wie den Städten nur über die Bewohner derselben verlieh, Adel und Städte blieben der landesherrlichen Gerichtsbarkeit unterworfen. Eben dies war in Ansehung der Klöster und Stifter der Fall, welche von Bischöfen und Landesherren auf ihren Grundstücken errichtet und aus denselben bewidmet wurden. Die Besitzer dieser Güter und der Städte waren überdem die Räthe und Mannen der Fürsten, die so wenig wegen ihrer Personen, als wegen ihrer Güter, einer andern Gerichtsbarkeit, als der landesherrlichen, unterworfen waren, eben so wenig, als die Landesherren die Gerichtsbarkeit über ihre eigenen Kammergüter einem Edelmann oder einer Stadt verliehen. So blieben die Güter des Adels, so wie die Domainengüter und die Städte, aus von selbst einleuchtenden Gründen, unter der unmittelbaren Gerichtsbarkeit des Landesherrn, und ist daher der Gerichtsstand vor demselben so sehr ihr ursprünglicher und natürlicher, daß ein anderer nicht einmal gedenkbar ist. Dies ist die allgemeine deutsche Verfassung, die nur aus speciellen Gründen hin und wieder, obgleich seltenen, Ausnahmen unterworfen ist. Zu diesen Ausnahmen gehören insonderheit diejenigen Güter, welche von Domainen- oder Rittergütern unter Beilegung der Rechte adlicher oder Rittergüter getrennt und diejenigen einzelnen Grundstücke, welche aus besondern Gründen von der mittelbaren Gerichtsbarkeit ausgeschieden wurden und unter die landesherrliche übergingen.

Diese Verfassung stimmt mit der in den Preußischen Staaten überein und ist durch die einheimische Gesetzgebung bestätigt, obwohl sie hin und wieder provinzielle Modificationen erhalten hat.

Es ergiebt sich hieraus von selbst, daß die in diesem §. gedachten Güter der unmittelbaren Gerichtsbarkeit des Landesherrn unterworfen sind und daher den eximirten Gerichtsstand haben, und daher erkennt die Allg. Gerichtsordnung a. a. O. §. 108. auch den eximirten Gerichtsstand der Universitäten und höheren Bildungsanstalten in Ansehung ihrer in diese Kathegorie gehörigen Güter an.

Da die Gerichtsbarkeit über diese eximirten Grundstücke keinem andern Gute oder keiner Korporation beigelegt, sondern vom Landesherrn sich vorbehalten ist; so folgt von selbst, daß der persönliche Stand des Besitzers auf den unmittelbaren Gerichtsstand des Guts überall keinen Einfluß haben könne und vielmehr auch auf den persönlich nicht eximirten Besitzer desselben, wenn er auf dem Gute wohnt, übergeht. (§. 59.)

Zum §. 109.

Es liegt von selbst vor, daß der dingliche Gerichtsstand eines Grundstücks nicht von der Eigenschaft und insonderheit von der Exemtion oder Nichtexemtion des Besitzers abhängen kann. Daher haben nicht alle, den Kirchengesellschaften, den höheren Unterrichts-Anstalten, dem Adel u. s. w. gehörigen Grundstücke den eximirten Gerichtsgegenstand. Die Gerichtsbarkeit der Untergerichte erstreckt sich über ihren ganzen Gerichtssprengel, die Gerichtsbarkeit der Domanialgüter und der adlichen Güter über den ganzen Umfang des Guts und alle in demselben liegenden Grundstücke und Besitzungen, in so fern diese nicht vermöge ihrer Eigenschaft unter der landesherrlichen Gerichtsbarkeit geblieben sind. Wenn eximirte Personen oder Korporationen einzelne, unter der Guts- oder Ortsgerichtsbarkeit auf der Guts- oder Ortsfeldmark liegende Grundstücke eigenthümlich erwerben; so scheiden solche Grundstücke nicht aus der Ortsgerichtsbarkeit und treten nicht in den eximirten Gerichtsstand. So wenig wie das auf der städtischen oder ländlichen Feldmark belegene und zu derselben gehörige Grundstück, wenn es von einem Adlichen erworben wird, dadurch den eximirten dinglichen Gerichtsstand erhält, eben so wenig ist dies der Fall, wenn eine Kirche, eine Universität und eine höhere Schulanstalt ein solches Grundstück erwirbt. Dies wird durch den oben erwähnten §. 108. der Allgem. Gerichtsordnung h. t. bestätigt. In Ansehung der Kirchen-, Pfarr- und Küster-Grundstücke findet, wahrscheinlich noch aus der ehemaligen geistlichen Gerichtsbarkeit fast allgemein eine Ausnahme Statt. (§. 108.)

Die Führung des Hypothekenbuchs über die eximirten geistlichen und Schulgrundstücke kann in Folge der Rescripte vom 12. Mai 1812 und 12. Dezember 1815 (Jahrbücher Bd. 1. S. 53. Bd. 6. S. 206.) von den Obergerichten den Untergerichten delegirt werden.

Zum §. 110.

Da es außer den Kirchen-, Pfarr- und Küster-Grundstücken häufig auf dem Lande kleine Grundstücke giebt, denen ein eximirter Gerichtsstand zusteht, und nicht zu läugnen ist, daß die Verwaltung der Justiz und besonders die Führung der Hypothekenbücher durch das Landes-Justiz-Collegium mit Schwierigkeiten und größern Kosten verbunden ist; so ist bei der ersten Revision der Prozeß-Ordnung vorgeschlagen, die bisher schon gestattete Delegation dieser Gerichtsbarkeit an dem Untergericht allgemeiner zu machen. So zweckmäßig dieser Vorschlag an sich ist; so dürfte er doch nicht ohne Einschränkungen zuzulassen sein. Zu denselben gehört, daß diese Delegation von der Einwilligung des Eigenthümers des eximirten Grundstücks abhängig gemacht werde, da es unzulässig erscheint, den Eigenthümern schriftsäßiger Güter den eximirten dinglichen Gerichtsstand wider ihren Willen zu beschränken. In Ansehung der Kirchen- und geistlichen Grundstücke ist aus gleichen Gründen die Einwilligung der vorgesetzten Behörde erforderlich. Die Nothwendigkeit der Einwilligung des Gerichtsherrn, dessen Gerichtsbarkeit das eximirte Grundstück delegirt werden soll, ist ebenfalls nothwendig, weil ihr eine neue Last auferlegt werden soll. Das Ortsgericht dürfte in jeder Beziehung dasjenige sein, welchem diese Gerichtsbarkeit vorzugsweise zu delegiren sein würde. Es ist schon nicht angemessen, daß zwei verschiedene Richter in einem Orte die Gerichtsbarkeit ausüben, der Ortsrichter ist aber auch mit den Verhältnissen und Personen näher bekannt, ist ohnehin von Zeit zu Zeit in seinem Gerichtssprengel und kann daher die Geschäfte rascher und mit wenigern Kosten, fast gelegentlich, besorgen. Die Wiederrufbarkeit dieser Delegation von Seiten des Eigenthümers oder Nutznießers ist um so billiger, als sie auch auf Seiten des Staats Statt hat.

Zu §§. 111 und 112.

Diese Vorschriften geben den Inhalt der §§. 1 und 2. des Gesetzes vom 25. April 1835 (Gesetzsamml. S. 51.) wieder, wodurch die Real-Jurisdiction über veräußerte Theile eines eximirten Landguts eine, von der Prozeß-Ordnung übergangene Materie, gesetzlich bereits regulirt worden ist. Der §. 3. desselben Gesetzes enthält rein transitorische Bestimmungen, welche daher zur Aufnahme nicht geeignet sind.

Zu §§. 113—119.

Die Prozeß-Ordnung stellt den Gerichtsstand derjenigen Personen, welche von der inländischen Gerichtsbarkeit, vermöge des Prinzips der Exterritorialität, befreit sind, nicht richtig unter den eximirten Gerichtsstand (Tit. 2. §§. 62—70. und §. 93.). Diese persönliche Befreiung steht vielmehr sowohl der gemeinen, als der eximirten Gerichtsbarkeit überhaupt gegenüber, und eignet sich daher als solche zu einer besondren, diesen Gegensatz hervorhebenden Darstellung. Außer dieser Abweichung vom Systeme der Prozeß-Ordnung sind die Bestimmungen derselben wesentlich beibehalten worden. Insbesondere ist die in den §§. 62 und 63. der Prozeß-Ordnung ausgesprochene, bereits in dem Edict vom 17. Septbr. 1763 (Edictensamml. Bd. 3. S. 1362.) allgemein anerkannte, Befreiung der Gesandten, ihres Gefolges und ihrer Dienerschaft von der Landesgerichtsbarkeit in dieser Allgemeinheit aufrecht erhalten, und zwar mit alleiniger Ausnahme der im §. 66. a. a. O. davon ebenfalls nur ausgeschlossenen eigentlichen Realklagen (§. 50. des Entwurfs), so wie des im §. 119. des Entwurfs gedachten Falls in Betreff der hiesigen, in fremde Dienste getretenen Unterthanen. Bei den Schriftstellern über diese Materie *) findet man zwar unter den Ausnahmen auch noch einige andere Fälle erwähnt, namentlich, wenn der Rechtsstreit bewegliche, in hiesigen Landen befindliche Gegenstände betrifft, die dem diplomatischen Charakter ganz fremd sind, wenn der Gesandte selbst klagt und durch

---

*) von Bynkerschoeck, de foro competent. legat. Cap. XIV. von Steck, Abhandlung von einem Gesandten, welcher Handel treibt, in seinen Ausführungen wichtiger, rechtlicher und staatswissenschaftlicher Materien. S. 197. Schmelzing, Völkerrecht Bd. 2. §. 341. S. 232.

Widerklage in Anspruch genommen wird, wenn er für andere Personen als Mandatar, Testaments-Executor, Administrator, auftreten soll. Der erste Fall verdient indessen keine nähere Berücksichtigung, weil er die aufgestellte Regel auf eine bedenkliche Weise beschränken und zu Inconvenienzen führen würde, welchen gerade durch die Vorschrift, daß selbst bei den erweiterten Realklagen bei dem Ministerium der auswärtigen Angelegenheiten angefragt werden soll, hat vorgebeugt werden sollen. Der Fall der Widerklage gehört zu den Vorschriften über die Reconvention. Die übrigen Fälle aber können als Ausnahmen überhaupt nicht angesehen werden, da hier nur der eigene Gerichtsstand der gesandtschaftlichen Personen, nicht aber ihre Fähigkeit, als Kläger oder als Vertreter anderer Parteien vor hiesigen Gerichten aufzutreten, darzustellen war, und es eben so wenig einer Bestimmung bedarf, daß in den letztgedachten Fällen der Gerichtsstand des Beklagten oder der der vertretenen eigentlichen Parteien eintritt.

Die Vorschrift des §. 64. der Prozeß-Ordnung h. t. über die Vernehmung der Gesandten als Zeugen ist zu den Bestimmungen über die Beweisaufnahme verwiesen; der den Vorbehalt der Retorsion aussprechende §. 70. aber, als sich von selbst verstehend und in die Prozeß-Ordnung nicht gehörig, übergangen.

Im §. 68. der Prozeß-Ordnung ist von der Heirath hiesiger Unterthanen weiblichen Geschlechts mit den Gesandten und den Personen ihres Gefolges höheren Ranges, und dann von ihrer Heirath mit den Domestiquen und Bedienten der Gesandten die Rede. Dieser Gegensatz erscheint richtiger ausgedrückt, wenn, wie im §. 116. des Entwurfs, zuerst von dem Gefolge und dann von den Hausoffizianten und Bedienten des Gesandten die Rede ist. Auch sind die Worte „unter dem erforderlichen Konsens" weggeblieben, da für jeden Dritten die Vermuthung dafür spricht, daß dieser Konsens ertheilt worden, und es unzulässig erscheint, hierüber gerichtliche Contestationen oder Ausweise zu gestatten.

Im §. 117. des Entwurfs ist die Stelle des §. 93. der Prozeß-Ordnung:

„wenn sie entweder vor ihrer Verheirathung Landes-
Unterthanen gewesen sind"

weggelassen, weil es hier überall nur darauf ankommen kann, daß die Wittwe des Gesandten oder des Gefolges nach dem Tode ihres Ehemannes in hiesigen Landen verbleibt und dadurch einen Gerichtsstand hierselbst begründet.

Die Abweichung des §. 118. des Entwurfs vom §. 65. der Prozeß-Ordnung h. t. gründet sich auf das Rescript vom 18. März 1815 (Jahrbücher Bd. 5b. S. 13.), so wie auf eine Mittheilung des Ministeriums der auswärtigen Angelegenheiten vom 6. August 1827. (Mater. Vol. VI. f. 74.) Nach dieser Mittheilung kommen zuweilen fremde Beamte in hiesigen Landen vor, welche, ohne einen diplomatischen Charakter zu haben, eine einzelne Angelegenheit ihrer Regierung hierselbst betreiben, und denen deshalb die Befreiung von der hiesigen Gerichtsbarkeit auch nur in Betreff dieser Angelegenheit eingeräumt werden kann. Diese Personen sind unter dem Namen „Agenten" den fremden Consuln gleichgestellt.

Die Bestimmungen des §. 65. a. a. O. über den Personalarrest gehören nicht hierher, sondern zu den Vorschriften über die Execution und über den Arrest.

Im §. 119. des Entwurfs ist, anstatt der im §. 69. der Prozeß-Ordnung h. t. erfolgten bloßen Hinweisung auf die Bedingungen, welche einem hiesigen Unterthanen bei der Uebernahme des Creditivs einer fremden Regierung in der Erlaubniß dazu gemacht worden, seine Befreiung von der hiesigen Gerichtsbarkeit vielmehr nur davon abhängig gemacht, daß ihn jene Erlaubniß ausdrücklich von der hiesigen Gerichtsbarkeit entbindet. Diese für die Fortdauer des hiesigen Gerichtsstandes aufgestellte Vermuthung gründet sich auf eine Allerhöchste Kabinetsordre vom 20. Oktober 1825 (Mater. Vol. VI. fol. 78.).

Zu §§. 120 und 121.

Nach dem beim Eingange zu diesem Titel entwickelten Plane ist hier der Vorbehalt in Ansehung aller Rechtsstreitigkeiten, welchen wegen ihrer besonderen Beschaffenheit ein eigener Gerichtsstand (**forum speciale causae**) angewiesen ist, gemacht worden. Eine Aufzählung der hierher gehörigen Fälle mußte aus ähnlichen Gründen unterbleiben, weshalb die Aufzählung der dem Rechtswege entzogenen Gegenstände unterblieben ist (§. 1. des Entwurfs); die Prozeß-Ordnung Tit. 2. §. 130. hat ebenfalls eine bloße Verweisung auf die besonderen Verordnungen für nothwendig erachtet.

Dagegen war die Wirkung, welche diesen Gerichtsständen nach §. 6. Tit. 2. der Prozeß-Ordnung dahin zukommen soll, daß sie ohne Rücksicht auf den sonstigen persönlichen oder dinglichen Gerichtsstand eintreten, mit Rücksicht auf den außerordentlichen Gerichtsstand noch etwas genauer zu bestimmen. Der außerordentliche Gerichtsstand wegen streitiger Jurisdiction, namentlich unter den verschiedenen Special-Gerichtsständen, wegen mehrerer, verschiedenen Gerichten unterworfenen Beklagten, wegen Pflichtwidrigkeit des Richters und wegen gesetzlicher Rekusationsgründe, kann auch hier vorkommen. Die übrigen Fälle des außerordentlichen Gerichtsstandes kommen hingegen bei dem Spezialforum der Sache in der Regel ebenfalls nicht zur Anwendung. Daher sind nur jene in den §§. 66—73. des Entwurfs aufgeführten Fälle in dem §. 120. des Entwurfs als Ausnahmen bezeichnet worden.

Vierter Titel.

Von der Befugniß der Parteien, ihre Prozesse persönlich oder durch Sachwalter zu führen, imgleichen von Beiständen, Bevollmächtigten und Sachwaltern.

Zum §. 122.

Der Grundsatz, mit welchem dieser Titel beginnt, daß nämlich die Parteien ihre Prozesse in Person oder durch einen Bevollmächtigten führen können, entspricht der durch den Anhang §§. 1 und 43. zur Prozeß-Ordnung (§. V. der Circularverordnung vom 19. Dezember 1799) begründeten bisherigen Verfassung. Die Deputation zur Revision der Prozeß-Ordnung hatte vorgeschlagen, das persönliche Erscheinen der Parteien vor Gericht ohne Sachwalter nicht zu gestatten (Thl. I. des Berichts S. 96—108. 114—117. u. Thl. III. Abth. 1. S. 48.). Sie hielt ein sicheres und geordnetes Prozeßverfahren nur mit qualificirten Sachwaltern für möglich und erblickte hierin zugleich das geeignete Mittel, den Gerichten die so nöthige Erleichterung zu verschaffen. Indessen hat schon bei den früheren Berathungen im Justiz-Ministerium der Vorschlag der Commission vielfachen Widerspruch gefunden, und hat sich der verstorbene Justiz-Minister, Graf von Danckelman, ebenfalls dagegen entschieden (Conferenz-Protokolle vom 15. März und 17. April 1828. Ministerial-Akten Vol. I. fol. 204.).

Demgemäß ist jener hier wiedergegebene, leitende Grundsatz bereits in den ersten Entwurf (§. 79.) aufgenommen und hiernach das weitere Prozeßverfahren regulirt worden. So wenig man geneigt sein kann, die ursprüngliche Vorschrift der Prozeß-Ordnung über die Pflicht der Parteien, ihre Prozesse persönlich zu führen, nachdem dieselbe wegen ihrer Unausführbarkeit hat aufgehoben werden müssen, wieder herzustellen, eben so wenig kann es rathsam erscheinen, wieder völlig zu einer Einrichtung zurückzukehren, welche voraussichtlich dieselben Beschwerden hervorrufen würde, aus welchen die frühere Justizreform hervorgegangen ist. Dem eigentlichen Bedürfnisse wird dadurch abgeholfen, daß die Prozeßverhandlungen, anstatt der maaßlosen Instructions-Termine, durch bestimmte Fristen geregelt, zugleich aber die Parteien durch Anordnung gemessener Präjudize genöthigt werden, sich gehörig einzulassen. Dieser Gesichtspunkt kann festgehalten, gleichwohl aber das persönliche Auftreten der Parteien ohne Sachwalter nachgegeben werden. Hiergegen und für den Vorschlag der Deputation ist zwar bemerkt worden, daß man die Parteien zu ihrem eigenen Besten nöthigen werde, etwas, das sie nicht selbst verstehen und weil sie es nicht verstehen, durch einen Andern und zwar durch einen selbstgewählten Sachverständigen verrichten zu lassen. Um indessen aus diesem Grunde die Parteien zu zwingen, nur durch das Organ eines Sachwalts vor Gericht zu verhandeln, müßte erst feststehen, daß das persönliche Verhandeln vor Gericht unter allen Umständen nachtheiliger für die Partei sei, als deren Vertretung durch einen Sachwalt. Dies kann aber, selbst abgesehen von allen rechtskundigen Parteien, schon deshalb nicht angenommen werden, weil gerade die Prozeß-Ordnung von der entgegengesetzten Ansicht ausgegangen ist, und die Erfahrung dieses Verfahren als absolut nachtheilig für die Parteien keinesweges dargestellt hat. In der den Parteien gestatteten Befugniß, persönlich aufzutreten, ist überdies das sicherste Mittel zu finden, um ihnen keinen Sachwalt, zu dem sie kein Vertrauen haben, aufzudringen, dessen Bestellung vielmehr recht eigentlich von ihrer freien Wahl abhängig zu machen und den bestellten Sachwalt als wirklich erwählt darzustellen. Wenn daher auch in der Anordnung strengerer Präjudize überhaupt ein Antrieb liegt, sich eines Rechtsbeistandes oder Sachwalts zu bedienen; so kann dennoch darin ein Motiv zur Einführung eines hierauf gerichteten Zwanges um so weniger gefunden werden, als seit der Verordnung vom 1. Juni 1833 in den Mandats-, summarischen und Bagatell-Prozessen bereits die strengeren Präjudize neben der freien Befugniß, selbst zu erscheinen, oder sich vertreten zu lassen, ohne wesentlichen Nachtheil für die Parteien oder für die Bearbeitung der Sachen, bestehen.

Es ist zwar nicht zu leugnen, daß Prozesse, welche von Sachwaltern geführt werden, einen ordnungsmäßigeren Gang gehen und der richterlichen Leitung minder bedürfen, allein dies ist kein Grund, den Unterthanen die Befugniß, ihr Recht selbst zu verfolgen und zu vertheidigen, zu entziehen. Jene Nachtheile werden überdem durch den Vorschlag, daß die prozessualischen Schriften der Parteien von einem rechtskundigen Manne wenigstens unterzeichnet sein müssen (§. 139.), sehr gemindert werden, wie denn überhaupt auf der einen Seite die Fähigkeit des schriftlichen Ausdrucks allgemeiner geworden ist, auf der andern Seite aber die Neigung, Prozesse selbst zu führen, wenn auch nicht aus geminderter Schreiblust und Selbstvertrauen, doch wegen der strengeren Fristen und Förmlichkeiten und der Gefahr, sie zu versäumen, nachgelassen haben und die Rathsamkeit, irgend erhebliche Prozesse durch Sachwalter führen zu lassen, immer mehr anerkannt werden dürfte, ohne daß es deshalb eines Gebots bedarf.

Zu §§. 123 — 125.

Es ist hier die dem Richter, durch den Anhang §. 1. zur Prozeß-Ordnung, vorbehaltene Befugniß, die Parteien persönlich vorzufordern, wenn dies zur Ausmittelung der Wahrheit erforderlich sein sollte, etwas umfassender dargestellt, als solche in dem ersten Revisions-Entwurf, im §. 183., aufgefaßt worden war. Wenn besondere Gründe zu der Annahme vorhanden sind, daß durch das Erscheinen der Parteien in Person die Aufklärung des Sachverhältnisses oder der Abschluß eines Vergleichs befördert werden würde; so wird man dem Gerichte die Befugniß, das persönliche Erscheinen zu verordnen, in jeder Lage des Prozesses gestatten müssen. Denn diese Befugniß ist nicht sowohl als eine Beschränkung der Parteien, sondern vielmehr als eine wohlthätige Obsorge des Gerichts für dieselben und als das Mittel zu dem Zweck, dessen Erstrebung zu den Pflichten des Richters gehört, anzusehen. Von diesem Gesichtspunkte ausgehend, genügt es aber auch, dem Gerichte diese Befugniß einzuräumen, ohne zugleich die Zwangsmittel für die Ausübung derselben zu bestimmen. Erscheinen die Parteien auf die Vorladung des Gerichts dennoch nicht in Person; so geben sie dadurch zu erkennen, daß sie entweder auf den Vergleich nicht eingehen wollen, oder das Verfahren ihres Sachwalts überall genehmigen. Ihr erzwungenes Erscheinen würde kein besseres Resultat hervorbringen können. Dagegen fallen ihnen die Kosten des Termins in Folge derjenigen Bestimmungen zur Last, welche in Ansehung der Versäumung eines Termins überhaupt zu treffen sind.

Zu §§. 126—130.

Die Allgemeine Gerichtsordnung scheidet die Bevollmächtigten nicht scharf genug von den Sachwaltern, die im Allgemeinen zwar auch unter Bevollmächtigten begriffen, allein in prozessualischer Beziehung von denselben zu unterscheiden sind. Die Bevollmächtigten sind die Stellvertreter der Partei überhaupt, die Sachwalter diejenigen, welche die Partei zur Führung des Prozesses bestellt hat, jene in Beziehung auf die Prozeßführung und auf die Sachwalter die Mandanten, letztre aber die Mandatarien; wenngleich die ersteren ihrer Seits wiederum in Mandatsverhältnisse stehen und Mandatarien des eigentlichen Domini litis sein können. Erstere können zwar auch die Prozesse ihrer Gewaltgeber oder derjenigen, welche sie vertreten, führen, allein sie führen sie nicht, wie Sachwalter, sondern als Stellvertreter der Partei selbst vermöge des ihnen von der letzteren übertragenen Rechts der persönlichen Prozeßführung, sie gehören daher in den Abschnitt II. (§§. 126 — 140.) dieses Titels, in welche Kathegorie die in demselben aufgeführten Personen zu rechnen, keinesweges aber als Sachwalter, sondern als Vertreter der dort gedachten Behörden, Korporationen oder Personen anzusehen sind. Die Prozeß-Ordnung handelt im Titel III. §§. 39 — 53. von den Vollmachten der Korporationen und Gemeinen, insonderheit der Stadt- und Dorfgemeinen, eines Magistrats oder andern Collegiums, einer geistlichen Gesellschaft, einer Kirche, Schule oder milden Stiftung, der Gilden und Gewerke, der

Fiskale, endlich der Vormünder und Curatoren. Was die Prozeß-Ordnung hierüber verordnet, ist zum Theil aus dem Allgemeinen Landrechte entnommen, zum Theil besteht es in Verweisungen auf dieses, auf den Gerichtsgebrauch und auf besondere Statuten, wo deren vorhanden sind. Alles dieses ist materiellen Rechts und gehört daher nicht in die Prozeß-Ordnung. Es ist dagegen nothwendig, den Unterschied zwischen solchen gesetzlichen Vertretern und den gewählten Prozeß-Bevollmächtigten überhaupt und besonders darin festzuhalten, daß erstere in Ansehung der Prozeßführung den persönlich auftretenden Parteien gleich zu achten, und sich dadurch wesentlich von den prozeßführenden Bevollmächtigten unterscheiden. Ihrer kann daher überhaupt nicht bei den Vorschriften über die letzteren, sondern nur bei den Vorschriften über das persönliche Erscheinen, und ihrer Legitimation insbesondere nicht bei den Vollmachten, sondern nur an dieser Stelle gedacht werden. Diese Legitimation kommt überdies nicht blos bei der Klage vor, sondern sie kann überall zur Sprache kommen, wo solche Vertreter vor Gericht zu verhandeln haben. Hiernach sind die §§. 126—129. des Entwurfs abgefaßt. Der §. 130. giebt die Vorschrift des §. 36. der Instruction vom 30. Mai 1820 (Gesetzsamml. S. 91.) wieder.

Zum §. 132.

Zu den Stellvertretern der Partei selbst gehören die Bevollmächtigten und insonderheit die Generalbevollmächtigten, welche zur Betreibung entweder aller Angelegenheiten oder wenigstens aller, bestimmte Güterverhältnisse oder andere Gegenstände betreffenden Angelegenheiten bestellt sind. Es leidet keinen Zweifel, daß solche Bevollmächtigte den Mandanten vertreten und daher deren Angelegenheiten zu besorgen berechtigt sind. Es ist daher unzweifelhaft, daß ihnen auch die Befugniß zusteht, die gerichtlichen Handlungen so weit zu besorgen, und insonderheit Prozesse zu führen, wie jede Partei berechtigt ist, ihre Prozesse selbst und ohne Zuziehung eines gerichtlichen Sachwalts zu führen. Dies erkennt schon das Hof-Rescript vom 19. März

1798 (in Eisenbergs=Stengels Beiträgen Bd. 6. S. 294.) und der daraus entnommene Anhang §. 465. der Gerichtsordnung an, wenngleich damals gerade nur von einer Handlung der freiwilligen Gerichtsbarkeit die Rede war, indem es bestimmt, „daß ein Generalbevollmächtigter in vollem Sinne in „allen nicht besonders ausgenommenen Angelegenheiten für Eine „Person mit seinem Mandanten zu achten sei, und daß bei ei„nem solchen Generalbevollmächtigten der Grund des Gesetzes:

„daß zu solchen Angelegenheiten unbekannte und unzu„verlässige Winkelkonsulenten sich eindrängen und den „Justizcommissarien ihren rechtmäßigen Erwerb zu sehr „schmälern möchten,

„hinwegfalle und daher kein überwiegender Grund vorhanden „sei, dem Publikum dadurch einen ausgedehnteren Zwang an„zulegen, daß auch Generalbevollmächtigte, die vielleicht, und „sogar in der Regel, selbst Rechtsverständige seien, zu solchen „Handlungen nothwendig einen Justizcommissarius substituiren „müßten." Alle diese Gründe lassen sich eben sowohl für die Befugniß der Generalbevollmächtigten, in den Prozessen ihrer Machtgeber für diese aufzutreten, anführen. Das Allgemeine Landrecht Thl. I. Tit. 13. §. 118. schließt ihre Wirksamkeit nur für solche Handlungen aus, die eine, in der Generalvollmacht nicht ausdrücklich mitenthaltene, Spezialvollmacht erfordern, und stellt sie also in dieser Hinsicht den übrigen Sachwaltern, so wie denjenigen Personen, welche eine vermuthete Vollmacht für sich haben, völlig gleich. (§§. 98 und 123. a. a. O.)

Auch in der Prozeß=Ordnung selbst Tit. 3. §. 32. wird den zur Betreibung aller Rechtsangelegenheiten bestellten Generalbevollmächtigten eben diese Befugniß für die Prozesse zugesprochen, ohne ihnen die Verpflichtung, einen Justizcommissarius zuzuziehen, aufzuerlegen. Diese Verpflichtung versteht sich auch in Gemäßheit des §. 22. Tit. 3. der Prozeß=Ordnung keinesweges von selbst, da dort immer nur von Parteien die Rede ist, welche ihre Prozesse nicht persönlich führen. Der für alle Rechtsangelegenheiten bestellte Generalbevollmächtigte muß aber, wenn er vor Gericht auftritt, eben so gut, wie ein Verwalter, der in seinem Geschäftskreise (§. 25. h. t.) für seinen Prinzipal Prozesse führt, einer persönlich auftretenden Partei gleich geachtet werden. Es findet daher die Vorschrift des §. 22. a. a. O. auf diesen Fall um so weniger Anwendung, als man sonst dem Generalbevollmächtigten ein Recht, nämlich die Wahl zwischen eigener Prozeßführung und der durch einen Sachwalt, entziehen würde, welches nicht allein seinem Machtgeber, sondern auch dem kleinsten Verwalter des Letzteren unbestritten zusteht. Aus diesen Gründen ist auch durch Justiz-Ministerial-Rescripte vom 6. November 1832 und 10. Mai 1834 (Jahrbücher Bd. 40. S. 425. und Bd. 43. S. 479.) die Berechtigung derjenigen Haus-Officianten, welchen der Betrieb der Rechts-Angelegenheiten ihres Dienstherrn als ein Theil ihrer Dienstgeschäfte ein- für allemal übertragen ist, für ihren Prinzipal Prozesse zu führen, anerkannt, und dürfte daher das Ministerial-Rescript v. 2. Febr. 1818 (daselbst Bd. 11. S. 14.), indem es den Grundsatz äußert, daß Generalbevollmächtigte, welche nicht zu den bei dem Gerichte angestellten Justizcommissarien gehören, nicht berechtigt sind, für ihre Machtgeber Prozesse zu führen, da der Anhang §. 465. zur Allgemeinen Gerichtsordnung ihnen die Vollziehung gerichtlicher Handlungen für ihre Machtgeber ohne die Assistenz eines Justizcommissarius gestattet, nur die Prozeßführung als Justizcommissarius, keinesweges aber den eigenen Betrieb des Prozesses, wie er jeder Partei zusteht, betreffen. Dies letztere kann nur zulässig sein, wenn der Bevollmächtigte ein Justizcommissarius und zum Generalbevollmächtigten in allen Prozessen bestellt ist.

Zum §. 133.

Dieselbe Befugniß zur Vertretung der Parteien vor Gericht, welche hier denjenigen Personen zugestanden wird, die gesetzlich eine vermuthete Vollmacht für sich haben, ist schon in den §§. 25 und 27. Tit. 3. der Prozeß-Ordnung anerkannt.

Die Vorschrift des §. 26. des angeführten Titels, nach welcher auch andere Personen zugelassen werden sollen, wenn

Gefahr im Verzuge klar erhellet und sie für die Nachbringung der Genehmigung der Partei sofort Kaution bestellen, ist nicht aufgenommen, da der Gegenpartei nicht zugemuthet werden kann, sich mit einem solchen bloßen negotiorum gestor einzulassen. Wollte man aber diese Vorschrift, gegen ihren wörtlichen Inhalt, von bereits bevollmächtigten Personen verstehen; so ist jedem Bedürfniß nach einer solchen, ohnehin leicht zu Mißbräuchen führenden, Ausnahme von der Regel durch die Vorschrift des §. 137. genügend abgeholfen, indem es der Partei hiernach, auch beim Mangel an Justizcommissarien, niemals an geeigneten Vertretern vor Gericht fehlen kann.

Zu §§. 137 und 138.

Diese Bestimmungen geben den Inhalt der §§. 14 u. 21. Tit. 3. der Prozeß-Ordnung mit der einzigen Abweichung wieder, daß bei der Zuordnung eines Rechtsbeistandes durch das Gericht nur auf die Justizcommissarien und Referendarien, welche bei demselben angestellt sind, nicht aber auch, wie der §. 14. der Prozeß-Ordnung bestimmt, auf die Beisitzer des Gerichts Rücksicht genommen werden soll. Letztere werden durch eine solche Assistenz ihrer richterlichen Mitwirkung in derselben Sache nicht allein, sondern auch ihren übrigen Geschäften auf eine unpassende Weise entzogen.

Bei der ersten Revision ward zwar den Parteien die Wahl unter den im Lande angestellten Justizcommissarien freigelassen, ihnen aber die Befugniß, auch andere Personen neben dem Rechtsbeistande mit zum Termin zu bringen, entzogen. Gegen diese Befugniß ward nämlich erinnert, daß sie von der einen Seite den Winkelkonsulenten eine Hinterthür öffne, und andererseits den Parteien mehr schädlich, als nützlich sei, da sie sich dadurch eines ihnen günstigen Zeugen oder Sachverständigen berauben würden. Die Partei möge einen Kunstverständigen befragen, wo ihre eigene Kenntniß nicht ausreicht; ob aber ein solcher bei der Instruktion zuzuziehen, müsse der Verfügung des Richters überlassen bleiben. Der vorliegende Entwurf ist indessen bei der Allgem. Gerichtsordnung (h. t. §. 21.) geblieben. Die Gefahr des Einschleichens der Winkelkonsulenten, wenn sie nur neben den Rechtsbeiständen auftreten dürfen, ist überhaupt nicht groß, und kann es der eigenen Beurtheilung der Partei und ihres Rechtsbeistandes füglich überlassen werden, ob sie besser daran thue, die hier in Rede stehenden Personen nicht als Beistände zuzuziehen, oder als Zeugen oder Sachverständige, wo sie wirklich dazu dienen können, vorzuschlagen. Für alle Fälle aber, in welchen die Partei sich von dem Beistande einer solchen Person in dem Termin dennoch einen günstigen Erfolg verspricht, steht kein Hinderniß entgegen, ihr solches zu gestatten. Je weniger von dieser Befugniß bisher Gebrauch gemacht worden ist, und je mehr Schwierigkeiten es, schon der Kosten wegen, findet, die Zuziehung eines auswärtigen Sachwalts zu gestatten, um desto weniger Grund ist vorhanden, den Parteien diese ihnen bisher gestattete Befugniß zu entziehen.

Zum §. 139.

Diese Bestellung beruht bereits auf den §. 20. der Allg. Gerichtsordnung Thl. I. Tit. 3., obwohl sie nicht so allgemein in Uebung ist, wie sie verdient. Die unmittelbare Communication zwischen einem Gerichte, dazu einem Obergerichte mit der Partei, ist für beide lästig und für letztere kostbarer, und die Zwischenkunft eines Procurators gewährt dem Gerichte Sicherheit für Beobachtung der gebührenden Achtung sowohl für das Gericht, als für den Gegentheil. Vorzüglich aber wird die Insinuation durch die Anwesenheit eines solchen Geschäftsmannes sehr erleichtert. Die Bestimmung desselben ist keinesweges die materielle Führung des Prozesses, die Geschäfte des Sachwalts, sondern der äußere Geschäfsbetrieb, die Unterschrift seines Namens unter den schriftlichen Eingaben der Parteien, die ihre Prozesse selbst führen, kurz, diejenigen Geschäfte, die mit dem Namen der Procuraturgeschäfte bezeichnet werden.

Zum §. 140.

Die übrigen, auf das persönliche Erscheinen der Parteien sich beziehenden Vorschriften sind, was den §. 131. d. Entw. betrifft, aus den §§. 10 und 11. Tit. 3. der Prozeß-Ordnung, der §. 140. aber, aus dem Anhang §. 44. entnommen. Die letztere Vorschrift hat bestimmter gefaßt werden müssen, als der Anhang §. 44., weil über die Frage, was unter kostspielige Reisen zu verstehen sei? Zweifel entstanden sind: Justiz-Ministerial-Rescripte vom 15. Mai und 11. September 1820 (Jahrbücher Bd. 15. S. 227. Bd. 16. S. 47.). Es wird sich dagegen, daß der Partei der Mehrbetrag der Kosten, welcher durch ihr persönliches Erscheinen verursacht wird, nicht ersetzt werden soll, nichts erinnern lassen, da, wenn auch der Partei die persönliche Führung ihres Prozesses gestattet wird, diese Befugniß doch nicht so weit ausgedehnt werden darf, daß sich dadurch die Lage ihres Gegners verschlimmert.

Zu §§. 141. 142 und 143.

Diese §§. geben den §. 22. Tit. 3. der Prozeß-Ordnung wieder. Die Vorschrift, daß Auditeure als Rechtsbeistände auftreten können, ist jedoch übergangen, weil dieselbe mit der veränderten Militairgerichts-Verfassung und mit der jetzigen Stellung der Auditeure nicht vereinbar scheint: Rescript vom 4. Juni 1834 (Jahrbücher Bd. 43. S. 477.). Der §. 142. generalisirt die im §. 25. Tit. 28. der Prozeß-Ordnung und im §. 52. der Verordnung vom 1. Juni 1833, imgleichen in den Rescripten vom 22. April 1836 und 1sten August 1838 (Jahrbücher Bd. 47. S. 558. Bd. 52. S. 190.) enthaltenen Vorschriften, welche, weil sie die Befugniß der Parteien, in Betreff der Wahl ihrer Sachwalter für die zweite Instanz zweckmäßig und ohne Gefährdung des Gegners erweitern, wohl verdienen, generalisirt zu werden. Wenn endlich nach dem Vorschlage des ersten Entwurfs §. 86. den Parteien gestattet worden ist, sich bei Gerichten, wo es an Justizcommissarien fehlt, durch jeden unbescholtenen, geschäftskundigen und am Orte des Gerichts wohnhaften Mann vertreten zu lassen; so liegt das Bedürfniß zu einer solchen Bestimmung von selbst vor. Nach dem §. 48. Tit. 25. der Prozeß-Ordnung in Verbindung mit den Rescripten vom 29. Mai 1820. (Jahrbücher Bd. 16. S. 18.) und vom 7. März 1836 (daselbst Bd. 47. S. 311.) war es den Parteien nur gestattet, sich in Fällen der gedachten Art der auswärtigen Justizcommissarien zu bedienen und, wenn entweder in der Gegend kein solcher war, oder ein Fall der Noth vorlag, sich einen benachbarten Justizbedienten oder einen sonstigen geschäftskundigen Mann durch das Gericht requiriren und anweisen zu lassen. Beide Auswege haben indessen das gegen sich, daß sie die Kosten ansehnlich vermehren; der eine führte überdem zu Aufträgen an richterliche und andere bei den Gerichten angestellte Beamte, welches theils mit ihrer amtlichen Stellung unverträglich, theils aber ihren übrigen Berufsgeschäften nachtheilig ist. cf. Rescript vom 30. Oktober 1837 (Jahrbücher Bd. 30. S. 363.).

Das Erforderniß der Unbescholtenheit entspricht der Allerhöchsten Cabinetsordre vom 9ten April 1835 (Jahrbücher Bd. 46. S. 109.), nach welcher Personen, die wegen Betrugs, Verfälschung, Diebereien und anderer dergleichen in der öffentlichen Meinung entehrender Verbrechen gestraft oder deshalb in Untersuchung sind, oder sonst durch niederträchtige Handlungen die Verachtung ihrer Mitbürger auf sich gezogen haben, nicht minder diejenigen, welche aus der Winkelschriftstellerei ein Gewerbe machen, von der Zulassung als Beistand der Parteien ausgeschlossen sind.

Zum §. 144.

Vergl. die Bemerkungen zu §§. 137. 138 und 143.

Zum §. 145.

Durch diese Bestimmung wird die Bestellung eines gemeinschaftlichen Sachwalts befördern werden, indem den Interessenten der Ersatz des Mehrbetrags der Kosten versagt wird, welcher durch die unterlassene Bestellung eines solchen Mandatars verursacht worden ist.

Zum §. 146.

Die Prozeß-Ordnung hat, indem sie die Zulassung der Justizcommissarien, als Sachwalter der Parteien, unter dem

Erbieten der Nachbringung einer Vollmacht, in den §§. 22. 25. 28 und 29. h. t. schlechthin, das Auftreten der gesetzlich vermutheten Bevollmächtigten unter demselben Erbieten aber nur, wenn Gefahr im Verzuge obwaltet, gestattet, zwei wesentlich verschiedene Fälle mit einander verwechselt. In dem letzteren Falle hat der, welcher als Bevollmächtigter für einen Andern auftritt, die gesetzliche Vermuthung der Vollmacht für sich, in so fern er sich nur über das diese Vermuthung begründende Verhältniß ausweis't. Die Gegenpartei kann ihn nicht als eine unlegitimirte Person zurückweisen, sie kann vielmehr nur verlangen, daß er die von ihm vertretene Partei Behufs ihrer Erklärung über die Billigung oder Mißbilligung des für sie Verhandelten von dieser Verhandlung ungesäumt in Kenntniß setze (Allgem. Landrecht Thl. I. Tit. 13. §§. 125 und 126.). Dieser Befugniß, so wie dem gleichzeitigen Erfordernisse eines aktenmäßigen Ausweises über die Genehmigung der Verhandlung von Seiten der vertretenen Partei, wird dadurch völlig entsprochen, wenn der Präsumtiv-Bevollmächtigte demnächst binnen der vom Gerichte zu bestimmenden angemessenen Frist die schriftliche Vollmacht oder Genehmigung zu den Akten einreicht (§. 136.). Man würde diesem Verhältnisse seine ganze Bedeutung nehmen, wollte man eine solche Person ohne Vollmacht nicht zulassen, man würde es ohne Noth beschränken, wenn man einen solchen Zutritt unter dem Erbieten der Nachbringung der Genehmigung nur in schleunigen Fällen gestattete. Anders verhält es sich aber mit den Justizcommissarien, die jene gesetzliche Vermuthung nicht für sich haben. Strenge genommen, kann der Gegentheil, wenn sie ohne Vollmacht erscheinen, die Verhandlung mit ihnen verweigern. In diesem Sinne ist für die nach der Verordnung vom 1. Juni 1833 zu verhandelnden Sachen durch die Allerhöchste Cabinetsordre vom 17. Oktober 1833 (Gesetzsamml. S. 119.) auch wirklich vorgeschrieben, daß der für die Parteien im Termin erscheinende Stellvertreter durch Vollmacht oder Schreiben legitimirt sein muß, widrigenfalls angenommen wird, daß Niemand für sie erschienen sei. Dennoch erscheint es nicht rathsam, diese Vorschrift zur allgemeinen Regel zu erheben. Es kann in schleunigen, keinen Aufschub leidenden Fällen, der Auftrag mündlich, er kann von einer schreibensunkundigen Person ertheilt sein. Wollte man in solchen Fällen schlechterdings keine Nachbringung der Vollmacht, während doch die amtliche Anzeige des Justizcommissarius dieselbe erwarten läßt, gestatten; so würde in Sachen, die keinen Aufschub leiden, das Recht, einer bloßen Form willen, verloren gehen. Daher ist diese Nachbringung in schleunigen Fällen im §. 114. nachgelassen.

Zum §. 147.

Die Erfordernisse der Prozeßvollmacht sind mit diesen Bestimmungen übereinstimmend in den §§. 30. 32 und 36. Tit. 3. der Prozeß-Ordnung angegeben. Es ist nur noch die Angabe des Wohnorts des Gegentheils, so wie des Bevollmächtigten selbst und des Gerichts, bei welchem der Prozeß schwebt oder anhängig gemacht werden soll, erforderlich. Außerdem sind die Parteien an dieser Stelle noch auf ihre Befugniß, der Prozeßvollmacht Beschränkungen beizufügen, so wie darauf aufmerksam gemacht, daß solche Beschränkungen in der Vollmacht ausdrücklich anzugeben sind, indem z. B. eine bloße Bezugnahme auf eine besondere Instruction dem Zwecke der Prozeßvollmacht als nicht entsprechend anzusehen und deshalb auch fernerhin nicht zu gestatten ist (conf. §. 151. des Entwurfs). Dagegen mußten die Vorschriften der Prozeß-Ordnung §§. 36—38., in so fern sie neben der, im §. 147. des Entwurfs ebenfalls erfolgten Hinweisung auf die gesetzliche Form der Verträge und der Vollmachten insbesondere, noch Einiges über Vollmachts-Formulare, Stempelstrafe und Vollmachts-Blankets enthalten, als nicht hierher gehörig, übergangen werden.

Zu §§. 148 und 149.

Der §. 54. Tit. 3. der Prozeß-Ordnung, aus welchem der §. 148 ff. des Entwurfs entnommen ist, führt einige Fälle namentlich auf, in welchen eine mangelhafte, den gesetzlichen Erfordernissen nicht genügende Vollmacht als gar nicht beigebracht angesehen werden soll. Statt dessen ist im §. 148. des Entwurfs vorgeschrieben, daß der Bevollmächtigte, der mangelhaften, zur Verbesserung zurückzugebenden Vollmacht ungeachtet, dennoch zugelassen werden soll, wenn nur die wesentlichen Bedingungen eines gültigen Vollmachts-Auftrages darin anzutreffen sind. Hierdurch wird die vorläufige Zulassung mehr in das richterliche Ermessen gestellt. Es darf dagegen auch nicht eingewendet werden, daß weil etwas Unwesentliches überhaupt nicht vorgeschrieben werden dürfe, man vorauszusetzen habe, daß alle im §. 146. angegebenen Erfordernisse wesentlich seien. Denn eine Vergleichung der hier erforderten wesentlichen Bedingungen eines gültigen Vollmachts-Auftrages überhaupt, mit den im §. 147. aufgeführten Erfordernissen der Prozeßvollmacht, liefert das Resultat, daß zu letzterer manche Angaben erfordert worden sind und der Ordnung wegen erfordert werden mußten, welche einen Vollmachts-Auftrag nicht nothwendig bedingen.

Der §. 149. gründet sich auf den §. 70. der Prozeß-Ordnung h. t. Bei der frühern Revision der Prozeß-Ordnung war der Wegfall dieser Bestimmung beantragt, weil sie nicht ganz consequent erscheine. Man nahm an, daß wenn einmal der Grundsatz angenommen werde, daß jeder Sachwalt sich als solcher durch Vollmacht auszuweisen und das Gericht hierauf von Amtswegen zu sehen habe, und wenn ferner eine Privat-Scriptur in der Regel gegen Dritte nichts beweise, ein Widerspruch darin liege, daß derjenige, welcher den Beweis der Legitimation vom gegentheiligen Sachwalt zu fordern berechtigt ist, die Kosten dieser Beweisführung übernehmen solle, in so fern er nicht eine Privat-Scriptur anerkennen wolle, die er zu recognosciren nicht schuldig und selten im Stande sei. Auch das Gericht erhalte durch eine Vollmacht unter Privathandschrift nur einen unsicheren Beweis von der Legitimation des Sachwalts, und selbst dieser könne von der Partei getäuscht sein. Hierzu komme, daß eine Partei, welche die Kosten nicht scheue, durch den Antrag auf Recognition der Vollmacht Seitens des Ausstellers alle, und selbst die schleunigsten Prozesse verzögern könne. Um diesem letzteren

Nachtheil zu begegnen, werde man daher entweder eine Privatvollmacht zur Legitimation des Sachwalts überall für ausreichend erklären und der Gegenpartei auch jenes ihr von der Gerichtsordnung eingeräumte Recht nehmen, oder aber, wie im gemeinen deutschen Prozeß, stets eine beglaubigte Vollmacht erfordern müssen. Der verstorbene Justizminister, Graf von Danckelmann, hat sich jedoch im Conferenz-Protokolle vom 26. April 1828 (Minist. Akt. Vol. I. fol. 252.) für die Beibehaltung der Vorschrift der Gerichtsordnung entschieden, weil die Beglaubigung der Vollmachten für die Parteien mit großen Kosten verknüpft sei und die bisherige Praxis keinen Mißbrauch gezeigt habe.

Bei der gegenwärtigen Revision hat man es zwar hierbei ebenfalls belassen, weil das Bedürfniß anderweitig nicht in Anregung gekommen ist. Es ist aber nicht zu verkennen, daß die Bemerkungen der frühern Revision gegründet sind und daß die in der That große Sorglosigkeit, mit welcher die Gesetzgebung die Originalisirung der Vollmachten behandelt, mit der übrigen Aengstlichkeit und Vorsicht, mit welchen sie unerheblichere Handlungen der Parteien und Contrahenten bewacht, nicht zu vereinigen ist. Selbst nicht einmal die Untersiegelung der Vollmacht wird verlangt, obwohl sie für einen bedeutenden Theil der Parteien der Vollmacht eine größere Sicherheit geben würde. Der Beschluß hierüber wird indessen dem ferneren Stadium anheim gegeben.

Der §. 70. der Allgem. Gerichtsordnung ist daher beibehalten, da der Gegentheil allerdings Gewißheit fordern kann, daß die Vollmacht von seinem Prozeßgegner ausgestellt sei; der gedachte Paragraph ist aber dahin geändert, daß diejenige Partei, welche diese Recognition verlangt, die dadurch verursachten Kosten nicht unbedingt, sondern nur, wenn der Zweifel sich als unbegründet darstellt, trägt.

Zum §. 150.

Der §. 150. giebt die Bestimmungen des §. 31. der Allgem. Gerichtsordnung und des Allgem. Landrechts Thl. I. Tit. 13. §. 99 ff. wieder.

Zum §. 151.

So lange der Bevollmächtigte die Grenzen seiner Vollmacht nicht überschreitet, können Versehen, welche er sich bei den Handlungen und Erklärungen im Prozesse zu Schulden kommen läßt, imgleichen Ueberschreitungen besonderer, die Prozeßvollmacht beschränkender, derselben aber nicht ausdrücklich beigefügter Bestimmungen, der Verbindlichkeit solcher Verhandlungen für den Machtgeber keinen Abbruch thun, den letzteren vielmehr nur zu Regreß-Ansprüchen gegen den Mandatar berechtigen. Diese aus der Natur des Vollmachts-Vertrages fließenden Wirkungen für den Dritten, mit welchem auf dem Grund desselben verhandelt worden ist (Allgemeines Landrecht Thl. I. Tit. 13. §§. 85. 90—97.), sind in ihrer Anwendung auf die Prozeßführung so einflußreich, daß es zweckmäßig erschien, dieselben hier ausdrücklich und allgemeiner auszusprechen, wie dies auch im besonderen Theil dieser Prozeß-Ordnung §. 87. in Ansehung der Geständnisse des Bevollmächtigten geschehen ist. Aus dieser Vorschrift folgt denn auch, daß die Bezugnahme auf eine besondere Instruction in der Vollmacht unstatthaft und wirkungslos sein würde, indem nur den ausdrücklich in der Vollmacht (§. 147. des Entw.) angegebenen Beschränkungen eine einschränkende Wirkung beigelegt worden ist.

Zum §. 152.

Der §. 152. d. E. enthält die Bestimmung, daß der Bevollmächtigte vermöge der Prozeßvollmacht befugt ist, dieselbe Partei auch bei allen Geschäften zu vertreten, welche, wie insonderheit Subhastationen und Interventionen, im Prozeß und bei Vollstreckung des Urtheils vorkommen. Bisher ist zwar in Ansehung der aus der Execution erwachsenden, mit dritten Personen, außer den bisherigen Parteien, zu verhandelnden Prozesse das Gegentheil angenommen (cf. Rescript vom 25. April 1834, Jahrbücher Bd. 43. S. 480.); indessen streitet die Vermuthung dafür, daß die Partei ihren Sachwalt zu allen Geschäften habe ermächtigen wollen, welche die Vollstreckung des erstrittenen Urtheils bezwecken, ohne Unterschied, ob es zu dem Ende eines neuen contradictorischen Verfahrens bedarf oder nicht. Es ist daher angemessener, diese Vermuthung gesetzlich auszusprechen, als wider die gewöhnliche Absicht der Parteien, eine neue Vollmacht zu erfordern.

Zu §§. 153—155.

In diesen §§. sind die Vorschriften der §§. 33—35. der Prozeß-Ordnung h. t., bei denen nichts zu erinnern war, wiedergegeben.

Zum §. 156.

Die Prozeß-Ordnung Tit. 3. §§. 55 und 56. unterscheidet, wegen der Befugniß zu substituiren, den Betrieb des Prozesses zwischen den Terminen und den Procuraturgeschäften von den eigentlichen Instructionsverhandlungen; zu jenen soll der Bevollmächtigte eigenmächtig substituiren können, zu diesen aber nur, wenn er wahrhaft verhindert oder ihm die Befugniß dazu von dem Machtgeber ausdrücklich ertheilt worden ist. Dieser Unterschied ist wesentlich so gegründet, daß er, obwohl unter andern Bezeichnungen, um so mehr hat beibehalten werden müssen, als gegenwärtig alle Verhandlungen nicht in Terminen erfolgen. Für den ganzen Prozeß kann der Sachwalt keinen Andern substituiren, sondern nur für einzelne Prozeßhandlungen, und auch dies nur im Verhinderungsfall und wenn ihm die facultas substituendi nicht bei der Vollmacht ausdrücklich entzogen ist.

Zum §. 157.

Die Prozeß-Ordnung läßt im §. 57. h. t. nur durch den Tod des Bevollmächtigten die Vollmacht erlöschen. Es kann aber die Vollmacht unbedenklich auch dann nicht fortbestehen, wenn der Bevollmächtigte, sei es durch Blödsinnigkeits-Erklärung oder Verlust seiner öffentlichen Stellung unfähig wird, für sich oder in Sachen des öffentlichen Verhältnisses weiter vor Gericht aufzutreten. Es ist daher dieses Falles hier, als eines Grundes des Erlöschens der Vollmacht, ebenfalls gedacht worden. Dagegen versteht es sich ganz von selbst, daß der Erbe des Bevollmächtigten, wie im §. 57. bestimmt ist, die Geschäfte nicht fortsetzen kann, er würde dazu selbst nicht einmal von Neuem bevollmächtigt werden können, wenn er nicht ebenfalls die Befugniß besäße, Parteien vor Gericht zu vertreten.

In dem §. 58. Tit. 3. der Prozeß-Ordnung wird die Fortsetzung der Instruction, des Todes des Bevollmächtigten ungeachtet, mit dem Substituten desselben angeordnet, wenn der Machtgeber den Letzteren selbst ernannt, oder dem Prinzipal-Bevollmächtigten die Wahl eines Substituten zu allen Verhandlungen ausdrücklich gestattet hatte. Diese Vorschrift entspricht der gleichlautenden Vorschrift des Allgem. Landrechts Thl. I. Tit. 13. §. 193. — Dennoch erscheint es bedenklich, diese Vorschrift in ihrer besonderen Anwendung auf die Prozeß-Verhandlungen beizubehalten. Man giebt dadurch den Substitutionsklauseln eine umfassendere Bedeutung, als sie nach der vermuthlichen Absicht der Parteien haben sollen, indem man dabei in der Regel nicht an das durch den Tod des Bevollmächtigten eintretende Hinderniß denken wird. Es erscheint jedenfalls angemessener, der eigenen Bestimmung der Parteien zu überlassen, ob sie ihrer Substitution oder der dem Hauptbevollmächtigten eingeräumten Befugniß, sich Jemanden zu substituiren, den gedachten Umfang geben wollen, und versteht sich alsdann bei einer solchen ausdrücklichen Bestimmung die Befugniß des Substituten zur Vertretung von selbst. Außerdem aber ist der Grundsatz festzuhalten, daß die Vollmacht durch den Tod oder die eingetretene Unfähigkeit des Bevollmächtigten erlöscht.

Das weitere Verfahren, welches das Gericht zu beobachten hat, damit durch diesen Incidentpunkt kein erheblicher Aufenthalt in der Sache entstehe, ist zu dem Verfahren über die Reassumtion des Prozesses verwiesen, wohin es richtiger gehört und woselbst es im Zusammenhange mit andern ähnlichen Incidentpunkten abzuhandeln ist.

In gleicher Art war hier nur zu bestimmen, daß die Vollmacht durch den Tod des Machtgebers nicht aufgehoben wird (§. 59. Tit. 3. der Prozeß-Ordnung). In wie fern aber das Absterben einer Partei, die Veränderung ihres Zustandes oder der Eigenschaft, in welcher sie aufgetreten ist, eine Unterbrechung des Prozesses bewirken und gerichtliche Verfügungen erheischen können, ist unbedenklich nicht hier zu entscheiden. Denn diese Materie, welche die Prozeß-Ordnung hier Tit. 3. §§. 59—61. nur beiläufig, umfassender aber in dem Tit. 20. §§. 1—7. abhandelt, steht mit den Vorschriften über die Stellvertretung der Parteien in keiner unmittelbaren Verbindung, und ist daher nach dem Vorschlage des ersten Entwurfs §. 98. (cf. Bericht Thl. II. S. 116 seq.) davon an dieser Stelle abgesehen worden.

Zu §§. 158—160.

Nach den §§. 62 und 66. Tit. 3. der Prozeß-Ordnung muß dem Machtgeber, welcher die Vollmacht widerrufen hat, ohne zugleich einen andern Bevollmächtigten zu ernennen, von dem Gerichte dazu eine Frist bestimmt, bis dahin mit dem bisherigen Sachwalt verhandelt und diese Verhandlung selbst bis zum Schlusse derselben Instanz mit ihm fortgesetzt werden, wenn der Machtgeber jene Frist nicht inne hält oder nicht persönlich auftritt. Dies ergiebt sich daraus, daß im §. 66. auf die vorher für den Fall der Kündigung von Seiten des Mandatars getroffene Vorschrift Bezug genommen ist. Der Fall des Widerrufs von Seiten des Machtgebers ist aber von jenem Falle sehr verschieden. Hat der Machtgeber gekündigt, ohne einen andern Sachwalt zu bestellen; so läßt sich nur annehmen, daß er seinen Prozeß von nun an persönlich führen wolle, er hat es sich also lediglich selbst beizumessen, wenn nunmehr mit ihm, wie mit jedem andern, verfahren wird, der weder einen Bevollmächtigten, noch, nach §. 139., Jemand zum Betrieb der Sache zwischen den Terminen bestellt hat und ihm daher nach §. 175. des Entwurfs die weiteren Verfügungen durch die Post übersendet werden. Hat hingegen der Bevollmächtigte zur Unzeit, das ist im Laufe einer Instanz, das Mandat gekündigt; so kann man ihn, wie in den §§. 63 und 64. Tit. 3. der Prozeß-Ordnung geschehen ist, unbedenklich anhalten, den Prozeß bis zum Schlusse der Instanz fortzuführen, in so fern der Machtgeber den Prozeß nicht früher selbst übernimmt, oder einen andern Sachwalt bestellt (§. 160. des Entwurfs). Kann aber der Sachwalt, welcher gekündigt hat, den Prozeß bis zum Schlusse der Instanz nicht fortführen; so tritt dasselbe Verhältniß ein, als wenn der Bevollmächtigte auch außer dem Falle einer Kündigung an der Stellvertretung verhindert oder dazu unfähig wird. Es bedarf also für diesen Fall keiner besonderen Vorschrift und insbesondere nicht der im §. 64. der Prozeß-Ordnung h. t. vorgeschriebenen Zuordnung eines Assistenten von Amtswegen.

Es ist bereits bemerkt, daß der Aufenthalt und die Kostbarkeit der Prozesse durch die Verhandlung in Terminen bedeutend vermehrt werden, und daß es zur Beschleunigung und Wohlfeilheit derselben beitragen würde, wenn die Erklärungen der Parteien schriftlich erfordert und schriftlich abgegeben würden. Es würden dann viel kürzere Fristen eintreten, die kostbaren Termine würden wegfallen und die gerichtlichen Beamten würden mit Abhaltung der Termine nicht so beschäftigt sein. Diese Eigenthümlichkeit des Preußischen Prozesses hängt mit dem frühern System der Führung der Prozesse durch die Parteien zusammen. Da die letztere immer seltener geworden ist und noch seltener werden dürfte; so sind die Termine ebenfalls entbehrlicher geworden und dürften immer mehr zu beschränken und nur als besondere Ausnahmen zu betrachten sein. Schon jetzt wird in den Vorladungen den Parteien nachgelassen, die Erklärung, zu deren Abgabe der Termin anberaumt ist, vor demselben schriftlich einzureichen, aus mehreren Gründen wird jedoch von der letzten Alternative nicht häufig genug Gebrauch gemacht. In dem Entwurf der Prozeß-Ordnung ist unter diesen Verhältnissen der Termine mit Vorbehalt dieser Freilassung gedacht, es wird jedoch anheim gestellt:

> ob es bei der definitiven Redaction nicht angemessen sein möchte, der Termine nur in den Fällen, in welchen sie durchaus Statt finden müssen, zu erwähnen, bei den übrigen Handlungen aber, daß die Erklärung der Parteien erfordert, daß ihnen die Eingabe zur Erklärung mitgetheilt werden solle u. s. w. zu bestimmen.

Fünfter Titel.

Von der Abfassung und Insinuation richterlicher Verordnungen.

Zu §§. 163 und 164.

Die Vorschriften der Prozeß-Ordnung Tit. 7. §. 1., Anhang §§. 51 und 52., über die Abfassung gerichtlicher Verordnungen, sind mit einigen Zusätzen beibehalten worden.

Es kann als lästig und zeitraubend für die Gerichte angesehen werden, daß sie ihren Verordnungen die Warnung wegen des Nachtheils, welchen derjenige, an den die Verordnung ergeht, für den Fall der Nichtbefolgung zu erwarten hat, beifügen sollen. Indessen erscheint eine Abänderung dieser Vorschrift in Ansehung derjenigen Parteien, welche mit rechtsverständigen Sachwaltern nicht versehen sind, höchst bedenklich, da man bei ihnen eine Kenntniß der Prozeßform und der gesetzlichen Rechtsnachtheile nicht voraussetzen kann, und es ungerecht sein würde, sie Rechtsnachtheile treffen zu lassen, welche ihnen unbekannt sind. Es würde darin eine mittelbare Entziehung der Freiheit, persönlich aufzutreten, liegen. Dies kann aber durch die gedachte Vorschrift, ohne Nachtheil für die Prozeßführung, füglich vermieden werden. Es ist daher, in Betreff der mit einem Sachwalt nicht versehenen Partei, der Grundsatz beibehalten, daß gegen sie kein Nachtheil vollstreckt werden kann, welcher derselben nicht in der Verordnung ausdrücklich angedrohet worden ist. Es tritt außerdem noch der Grund hinzu, daß die Androhung des Präjudizes dem Verfahren eine sichere Grundlage und dem Richter selbst eine bestimmtere Richtung und Uebersicht der Folgen seines Verfahrens giebt.

Der Anhang der A. G. O. §. 51, wonach alle Vorladungen und Verfügungen des Gerichts, auch wenn sie an Parteien im Auslande gerichtet sind, in deutscher Sprache abgefaßt werden sollen, hat in Ansehung des Großherzogthums Posen durch die Verordnungen vom 9. Februar 1817 §§. 145—150. (Gesetzsamml. S. 52.) und vom 16. Juni 1834. IX. (Gesetzsammlung S. 77.) eine Modification erlitten. Daher ist gesagt worden, daß die Verordnungen in der Geschäftssprache des Gerichts abzufassen sind.

Der §. 164. hat die Vorschrift des Anhangs §. 52., welche bloß von Vorladungen der, der Regierung unterworfenen Beamten spricht, auf alle Staatsbeamte ausgedehnt, da die vorgesetzte Behörde eines jeden Beamten ein Interesse hat, davon Kenntniß zu erhalten, wenn ihr Untergebener außerhalb seines Wohnorts vor Gericht erscheinen soll.

Zum §. 165.

(Vergl. Allg. Gerichtsordnung Tit. 7. §. 18.)

Es wird die Bestimmung, daß die Realcitation im Civil-Prozesse nur in so fern Statt findet, als die Gesetze dieselbe (z. B. §. 25. Tit. 40. der Prozeß-Ordnung) besonders gestatten, jedem Zweifel über deren Unzulässigkeit in allen andern Fällen vorbeugen.

Zum §. 166.

Da die Art der Insinuation der Vorladungen häufig von Umständen abhängig ist, welche dem Gerichte unbekannt sind, und alsdann Aufenthalt und Nachtheile für die Parteien entstehen können; so erschien es angemessen, den Extrahenten der Vorladung hier im Allgemeinen darauf aufmerksam zu machen, daß es seine Sache sei, sich über die gedachten Umstände vorher Kenntniß zu verschaffen und solche, zur Vermeidung der gedachten Nachtheile, dem Gerichte bei der Ausbringung der Vorladung zugleich anzuzeigen.

Zu §§. 167—169.

Diese Vorschriften treten an die Stelle der §§. 4—6. 8—10. 19. 24 und 25. der Prozeß-Ordnung h. t. Die Bestimmung der §§. 5 und 19. der Prozeß-Ordnung h. t., daß die Insinuation dem Extrahenten der Verfügung auf sein Verlangen überlassen werden könne, ist fortgelassen worden, weil sie weder zur Förderung der Sache beiträgt, noch sonst den Parteien einen ersichtlichen Nutzen gewährt, und deshalb auch gänzlich außer Gebrauch gekommen ist. Da es vor Allem auf die gehörige Bescheinigung der richtig erfolgten Insinuation einer Vorladung ankommt; so ist es am zweckmäßigsten, daß das Gericht dieselbe durch die dazu angestellten Gerichtsboten bewirkt. Dabei kann es jedoch ganz gleichgültig sein, ob die Insinuation durch den Gerichtsboten desselben oder eines andern Gerichts, eines Ober- oder eines Untergerichts geschieht, und ist deshalb sowohl den Obergerichten gestattet, ihre Vorladungen durch die Untergerichte insinuiren zu lassen, als auch den inländischen Gerichten überhaupt nachgelassen, die Insinuation ihrer Vorladungen durch unmittelbare Requisition des Gerichts, in dessen Bezirke sich der Vorzuladende aufhält, zu bewirken.

Die entgegengesetzten Vorschriften der §§. 4 und 8. der Prozeß-Ordnung h. t. verursachen unnöthigen Aufwand an Zeit und Kosten, weshalb von vielen Seiten auf deren Aufhebung angetragen worden ist. Dies konnte auch um so weniger Bedenken finden, als die Prozeß-Ordnung §. 25. h. t. eine solche Vereinigung der Obergerichte unter einander bereits nachgegeben und daher selbst schon auf den möglichen Fall, daß dem ordentlichen Gerichte dadurch ein Eingriff in seine Jurisdiction unbekannt bleiben könnte, kein Gewicht gelegt hat. Da hier von inländischen Gerichten die Rede ist; so kann die Möglichkeit solcher Eingriffe als ein Hinderniß gegen diese Vereinfachung der Insinuationen überhaupt nicht angeführt werden, da solche Verstöße nicht vorauszusetzen sind und, wenn sie einmal vorkommen, der Rüge der vorgesetzten Behörde unterliegen.

Zu §§. 170 und 171.

Diese Vorschriften gründen sich auf die Allerhöchsten Cabinetsordres vom 4. Juni 1828 (Gesetzsamml. S. 85.) und 21. Juni 1836 (Gesetzsamml. S. 202.), durch welche die unzureichenden Vorschriften der Prozeß=Ordnung über die Insinuation der Vorladungen im Auslande, dem Bedürfnisse entsprechend, vervollständigt worden sind. In Ansehung der in den deutschen Bundesstaaten zu bewirkenden Insinuationen ist es zwar in jenen Verordnungen noch vorläufig bis zur Revision der Prozeß=Ordnung bei der Vorschrift des §. 11. Tit. 7. der Prozeß=Ordnung belassen. Indessen ist der in dem §. 11. a. a. O. angegebene Weg der Insinuation und Herbeischaffung der Empfangsbescheinigung eben so weitläuftig, als beschwerend, für die diesseitigen Unterthanen. Wenn die Requisition des ordentlichen Gerichts fruchtlos versucht worden ist, und auch die Mitwirkung des Ministeriums der auswärtigen Angelegenheiten kein günstiges Resultat geliefert haben sollte; so kann um so weniger Bedenken Statt finden, die Insinuation durch die Post und die Bescheinigung des colligirenden Postamts über den Abgang der Vorladung für genügend anzunehmen, als der Postenlauf innerhalb der deutschen Bundesstaaten so regelmäßig ist, daß die richtige Ueberkunft, zumal eines portopflichtigen Briefes, mit der größten Wahrscheinlichkeit vermuthet werden kann. Hiernach ist daher der §. 170. des Entwurfs abgefaßt. Dagegen ist der §. 171., in Betreff der Insinuation der Vorladungen an Personen, welche sich im Auslande außerhalb den deutschen Bundesstaaten befinden, bei den Vorschriften der allegirten Allerhöchsten Cabinetsordres überall stehen geblieben. Insbesondere ist hierbei von einer unmittelbaren Absendung der Vorladung durch die Post Seitens des Gerichts selbst abgesehen worden, weil die richtige Ueberkunft in diesen Fällen nicht hinlänglich gesichert ist, und unter Umständen sogar höchst zweifelhaft sein könnte. Uebrigens bestehen darüber besondere Anweisungen, in wie fern sich die Gerichte unmittelbar an die disseitige Mission im Auslande oder an das Ministerium der auswärtigen Angelegenheiten, wegen Bewirkung der Insinuationen im Auslande, zu wenden haben. Rescripte vom 19. Oktober 1832 und 6. August 1841 (Just. Minist. Bl. S. 256.). Hierauf war daher im §. 171. ebenfalls hinzuweisen.

Zum §. 172.

Der §. 172. enthält einen Zusatz zur Prozeß-Ordnung, der sich von selbst rechtfertigt, da er verhindert, daß den zur Königlichen Gesandtschaft gehörenden Personen die Vorladungen der hiesigen Gerichte durch Requisition einer auswärtigen Behörde insinuirt werden, statt sie ihnen unmittelbar zugehen zu lassen.

Zum §. 173.

Der §. 173. gründet sich auf den §. 6. Tit. 7. der Prozeß-Ordnung und auf das Rescript vom 10. September 1830 (Jahrbücher Bd. 36. S. 150.).

Die Frage, in wie fern die diesseitigen Gerichte den Requisitionen ausländischer Gerichte ein Genüge zu leisten haben, ist mit dem ersten Entwurfe (Bericht **III.** Abtheil. 1. S. 78.) hier unentschieden gelassen, weil sie völkerrechtlicher Natur ist und keineswegs zu den Normen über das Prozeßverfahren im Inlande gehört.

Zu §§. 174 und 175.

Es ist hier die in den §§. 7 und 26. Tit. 7. der Prozeß-Ordnung in Ansehung des Klägers enthaltene Vorschrift auch auf den Beklagten ausgedehnt worden. Hat sich der Beklagte auf die Klage eingelassen oder auf andere Art, wie z. B. durch ein Verlegungsgesuch, zu erkennen gegeben, daß er Kenntniß von der Ladung erhalten habe; so steht er in dieser Beziehung und in der Verpflichtung, am Orte des Gerichts Jemanden zur Annahme der an ihn gerichteten ferneren Verfügungen zu bestellen, dem Kläger völlig gleich. Unterlassen sie dies, so ist das geringste Präjudiz, welches sie treffen kann, daß ihnen die ferneren richterlichen Verfügungen auf ihre Kosten durch die Post übersandt werden. In Betreff der Zustellung der richterlichen Urtheile wird das Erforderliche in dem speziellen Theile (§. 342 ff.) angeführt und hier darauf Bezug genommen.

Dagegen ist die Insinuation durch die Post und deren pflichtmäßige Bescheinigung durch das Postamt des Orts, wohin die Ladung ergangen ist (§. 26. der Prozeß-Ordnung h. t.), als eine Art der ersten Vorladung nicht aufgenommen. Ein Attest des Postamts über die richtig erfolgte Behändigung, wie dies die Prozeß-Ordnung §. 26. voraussetzt, ist überhaupt nicht zu beschaffen. Die Zustellung erfolgt vielmehr durch die Postboten, cf. Anweisung des General-Postamts vom 2. Januar 1830 (Jahrbücher Bd. 35. S. 128.); den letzteren ist aber nicht zuzumuthen, daß sie sich mit denjenigen Vorschriften genau vertraut machen, welche den Gerichtsboten, als solchen, bekannt sein müssen und daß sie diese Vorschriften genau befolgen. Es ist also zu befürchten, daß die Insinuationen, als nicht genügend, häufig wiederholt werden müßten. Wäre dies aber auch nicht der Fall; so erscheint es immer bedenklich, die wichtigste und folgenreichste Funktion des darauf verpflichteten Gerichtsboten, nämlich die amtliche Bescheinigung der erfolgten Insinuation der ersten Vorladung, einem andern Beamten, als ein bloßes Nebengeschäft, mit denselben Folgen für die Parteien, zu übertragen.

Zum §. 176.

Die Prozeß-Ordnung §. 23. h. t. verbietet zwar die Insinuation an Sonn- oder Feiertagen, bestimmt aber, daß aus derselben keine Nullität folgen soll, in so fern nur der Vorgeladene die Citation angenommen hat. Da dieser aber die Vorladung jedenfalls annehmen muß; so erschien es besser, dem Gerichtsboten, für den Fall, daß er dieser Vorschrift zuwider handelt, eine Ordnungsstrafe anzudrohen.

Zu §§. 177—182.

Bevor zu den einzelnen Vorschriften über den Ort, wo, und über die Personen, welchen die Insinuation geschehen kann, übergegangen wird, sind zwei in dem Entwurfe vorgenommene Abänderungen der Prozeß-Ordnung, da sie für die Behandlung dieser Materie von wesentlichem Einflusse sind, vorab zu erläutern.

Die erste Abänderung betrifft die Edictal-Citationen, welche, als zulässige Art der Ladung im gewöhnlichen Civilprozesse, aus dem Entwurfe ganz ausgeschieden sind. Die Prozeß-Ordnung §. 13. h. t. ließ die Edictal-Citation im Civilprozesse nur bei Vagabunden und auch bei diesen nur in so fern zu, als sie nicht vermöge der gesetzlichen Bestimmungen, als Abwesende, zu bevormunden sind. Nach den §§. 10 und 14. des Entwurfs ist aber von Vagabunden in der Prozeß-Ordnung nicht weiter die Rede, und zum §. 47. des Entwurfs ist bereits ausgeführt worden, daß den Abwesenden, in Ansehung derer der §. 13. Tit. 7. der Prozeß-Ordnung voraussetzt, daß sie nicht zu bevormunden sind, dennoch nach §. 19. **Thl. II.** Tit. 18. des Allgemeinen Landrechts ein Vormund bestellt werden muß.

Die Voraussetzung, unter welcher die Prozeß-Ordnung die Edictal-Citation nur zuläßt, trifft also nicht zu und ist deshalb, übereinstimmend mit den §§. 10. 14. 15 und 47. des Entwurfs, davon ganz abgesehen worden. An deren Stelle tritt die Ladung des, dem Abwesenden, dessen Aufenthalt unbekannt ist, zu bestellenden Vormundes oder Litiscurators, welchen es überlassen bleibt, den Abwesenden, neben der Vertretung desselben im Prozesse, durch die öffentlichen Blätter zur eigenen Wahrnehmung seiner Rechte aufzufordern, auch, wenn es sich um die erste Vorladung handelt, zu dem Ende eine geräumige Prorogation des Termins nachzusuchen (§. 182. des Entwurfs). Auf diese Weise wird dem Interesse der Abwesenden besser, als durch eine Edictal-Citation, von der sie in den meisten Fällen nichts erfahren, vorgesehen. Die Gegenpartei aber kann sich über diese Maaßregel ebenfalls nicht beklagen, da sie keinen Anspruch darauf haben kann, daß ihr Gegner schutzlos und unvertreten bleibe. Außerdem entsteht aber, besonders bei denjenigen Personen, welche absichtlich latitiren, ein größerer Aufenthalt durch die Edictal-Citation, als durch dieses Verfahren.

Die zweite Abänderung besteht in der Aufhebung der Vorschrift des §. 21. der Prozeß-Ordnung h. t., nach welcher die Vorladung an die Stuben- oder Hausthür befestigt werden soll, wenn der Vorzuladende nicht angetroffen wird und auch weder ein Angehöriger, noch ein Dienstbote, noch endlich ein Hauswirth desselben, vorhanden oder bereit ist, die Citation anzunehmen. Es bedarf keiner Ausführung, wie sehr die Rechte des Abwesenden durch diese Art der Insinuation gefährdet werden können. Niemand ist verpflichtet, sich auf Ansprüche, die vielleicht erdichtet und ihm ganz unbekannt sind, gefaßt zu machen, und daher bei Wohnungsänderungen oder Reisen Anstalten zur Einlassung auf Klagen oder Annahme von Vorladungen zu treffen, welche er unmöglich erwarten kann. In der Regel und von den Ausnahmen vorläufig abgesehen, welche man für einzelne Prozeßarten, z. B. im Wechsel-Prozesse, zuzulassen, Veranlassung finden möchte, muß daher das Insinuations-Verfahren dergestalt eingerichtet werden, daß der Vorzuladende, nach dem gewöhnlichen Laufe der Dinge, von der an ihn gemachten Anforderung Kenntniß erhält. Ist dieser Zweck auf dem gewöhnlichen Wege nicht zu erreichen; so kann dadurch ein ganz nutzloser Nothbehelf nicht gerechtfertigt werden, wodurch das wichtigste Recht der Unterthanen, das der Vertheidigung gegen Ansprüche vor Gericht, dem bloßen Zufalle preisgegeben wird. In solchen ungewöhnlichen Fällen muß es vielmehr dem Kläger überlassen bleiben, entweder den Aufenthalt des Beklagten zu ermitteln, oder sich mit dem, dem Abwesenden zu bestellenden Litiscurator einzulassen. Das Anheften an der Thür ist aber das allerunzuverlässigste Mittel und sehr oft nicht einmal ausführbar, z. B. wenn der Vorzuladende seine bisherige Wohnung ganz verlassen und ein Anderer dieselbe bezogen hat, da diesem alsdann nicht wohl zugemuthet werden kann, das Anheften und Anhängen an seiner Thür zu dulden und dafür verantwortlich zu sein. Die in dem ersten Entwurfe §. 141. in Vorschlag gebrachte Zustellung an den Gemeinde-Vorstand führt ebenfalls nicht zum Ziel. Denn bleibt dieser unthätig; so erhält der Beklagte überall keine Nachricht. Verlangt man aber von ihm, daß er Nachforschungen anstelle und sich um die Benachrichtigung des Beklagten bemühe; so liegt dieses Geschäft dem Gerichte wenigstens eben so nahe, und kann man auf jeden Fall die Behändigung dadurch noch nicht für erledigt erachten, daß die Ladung an eine andere Behörde abgegeben wird.

Mit Rücksicht auf diese allgemeinen Grundsätze sind folgende Fälle unterschieden.

I. Wenn der Vorzuladende persönlich angetroffen wird, oder einen Sachwalt oder sonst Jemanden zur Empfangnahme der Vorladung bestellt hat, was möglicherweise auch bei Beklagten vor erhaltener erster Vorladung vorkommen kann; so hat die Insinuation an ihn oder an seinen Bevollmächtigten kein Bedenken (§. 6. der Prozeß-Ordnung h. t.).

II. Eben so wenig wird man, wenn auf diese Weise die Ladung nicht insinuirt werden kann, Bedenken finden können, dieselbe den erwachsenen Angehörigen des Vorzuladenden oder den in seinem Dienste befindlichen Personen und, wenn auch diese nicht vorhanden sind, dem Hauswirthe (wie im §. 21. der Prozeß-Ordnung ebenfalls geschehen) anzuvertrauen. Indem aber die Prozeß-Ordnung diesen Personen gestattet, die Annahme der Ladung, ohne weiteren Grund, zu verweigern, geht sie in ihrer Rücksicht auf diese Personen zu weit. Wenn der Zweck des Gesetzes erreicht werden soll; so müssen jene Personen auch verpflichtet werden, die Ladung für den Vorzuladenden anzunehmen. Das Verhältniß der Angehörigen einer Familie unter einander, der Dienstboten gegen die Herrschaft und selbst des Hauswirths gegen die in seine Wohnung aufgenommenen Personen, ist überdem von der Art, daß in der Auferlegung dieser Verpflichtung keine wesentliche Beschwerde für sie zu finden ist. Auf der andern Seite würde aber der Zweck der Ladung wiederum verfehlt werden, wenn man die Insinuation an diese Personen unter allen Umständen für genügend annehmen wollte. Man wird hier vielmehr die erste Ladung von denjenigen im Laufe des Prozesses zu unterscheiden haben.

1) Die Annahme der ersten Ladung wird nicht verlangt werden können, wenn zu erwarten ist, daß der Beklagte auf diesem Wege von der Klage keine Kenntniß, um den Termin wahrnehmen zu können, erhalten werde.

Dieses ist anzunehmen, wenn der Beklagte:

a) seinen Wohnsitz schon verlegt hat, oder

b) auf längere Zeit, so daß seine Rückkehr vor dem Klagebeantwortungs-Termin zweifelhaft bleibt, von Hause abwesend ist.

In solchen Fällen erscheint jenes Auskunftsmittel, welches nur für eine augenblickliche Abwesenheit des Beklagten berechnet ist, ebenfalls als unzureichend. Man muß daher die Ablehnung der Annahme der ersten Ladung aus solchen Gründen nothwendig gestatten und diese Ladung an den Beklagten selbst durch Requisition des Gerichts seines Aufenthaltsorts bewirken, in so fern nicht in dem oben zu a gedachten Falle durch den Domizilwechsel eine Aenderung in der vorausgesetzten Competenz des vorladenden Gerichts eingetreten, und deshalb der Kläger an das competente Gericht zu verweisen ist.

2) Dagegen erfolgt die Ladung zu allen weiteren Verhandlungen im Prozesse mit voller Wirkung an die gedachten Personen. Verläßt eine Partei während des Laufs eines Prozesses ihren Wohnort, ohne ihrer Verpflichtung, entweder einen Sachwalt oder doch Jemanden am Orte des Gerichts zur Empfangnahme der Verfügungen zu bestellen, nachgekommen zu sein; so hat sie es sich selbst beizumessen, wenn sie durch jene Personen von der gerichtlichen Verordnung nicht zeitig in Kenntniß gesezt werden kann (§. 36. der Prozeß-Ordnung h. t.). Leztere können sich daher in diesem Falle auch nicht weigern, die Ladung für sie anzunehmen.

III. Fehlt es aber nicht allein an einem Bevollmächtigten, sondern auch an Angehörigen, Dienstboten oder an einem Hauswirthe des persönlich nicht angetroffenen Vorzuladenden; so bleibt

1) für den Fall der ersten Vorladung des Beklagten nichts Anderes übrig, als Erkundigungen über den Aufenthalt desselben, allenfalls bei der Ortspolizei-Behörde, einzuziehen und hiernach das Verfahren wegen Insinuation der Ladung einzurichten. Befindet sich nämlich

a) der Beklagte in demselben Gerichts-Bezirke; so muß er von dem Gerichtsboten dort aufgesucht werden;

b) hat er seine Wohnung in den Bezirk eines andern Gerichts verlegt; so wird der Kläger gewöhnlich, wegen eingetretener Veränderung des Gerichtsstandes, dorthin zu verweisen sein; sonst aber ist jenes Gericht um die Insinuation zu ersuchen. Letzteres muß auch alsdann geschehen, wenn

c) der Beklagte auf längere Zeit von Hause entfernt ist, so daß dessen Rückkehr vor dem Termine zweifelhaft bleibt.

d) Ist aber der Beklagte nicht auf so lange Zeit, sondern nur augenblicklich abwesend; so muß seine Rückkehr abgewartet und dann die Insinuation an ihn bewirkt werden.

2) Hat sich aber der Vorzuladende während des Prozesses entfernt, ohne Jemanden zur Empfangnahme der Ladung zurück zu lassen; so hat, in sofern nicht von einer vorübergehenden, augenblicklichen Entfernung die Rede ist, die Uebersendung durch die Post, nach §. 175. des Entwurfs, kein Bedenken.

IV. Kann endlich die Insinuation im Wege der Requisition, oder durch die Post, in den dazu geeigneten Fällen ebenfalls nicht erfolgen, weil der Aufenthalt des Vorzuladenden **unbekannt** ist; so muß

1) die **erste Ladung** nach dem aufgestellten Prinzip unbedenklich an den bestellten Vormund oder zu bestellenden Litiscurator des Abwesenden erfolgen.

2) Zweifelhafter könnte dies in Betreff der Ladungen im **Laufe des Prozesses** scheinen. Allein gerade in den hier vorausgesetzten Fällen, wenn nämlich in der bisherigen Wohnung des Abwesenden Niemand gefunden wird, der nach dem Obigen (II. 2.) eine solche Ladung annehmen muß, würde das im §. 36. der Prozeß-Ordnung angeordnete Anheften an die Thür in der Regel unaus-

führbar sein, weil alsdann die Wohnung fast immer schon von Andern eingenommen ist. Man wird daher auch in diesem Falle einen Curator bestellen und diesen vorladen müssen, ohne daß jedoch hierdurch in dem Laufe des Prozesses irgend ein Aufenthalt entstehen darf (cf. §. 203. des Entwurfs).

Die vorstehende Zergliederung der vorkommenden einzelnen Fälle wird die Entbehrlichkeit, sowohl der Edictal-Citation, als auch des Anheftens der Ladung an die Hausthür, darthun und dagegen das in den §§. 177—182. vorgeschlagene Verfahren als überall gerechtfertigt und ausführbar darstellen.

Zum §. 183.

Bei der ersten Revision hatte man diese, aus dem §. 22. der Prozeß-Ordnung h. t. entlehnte Bestimmung weglassen wollen, weil die Pächter der Landgüter und die Häuser-Administratoren keine Verpflichtung zur Besorgung der Vorladung an die Eigenthümer hätten (Bericht III. Abth. 1. S. 85.). Da die bestehende Gesetzgebung den Pächtern der Landgüter diese Verbindlichkeit auflegt und schon lange vor dem Landrecht eine Reihe von Gesetzen auch Verbindlichkeiten in Beziehung auf andere Verhältnisse des Verpächters übertragen; so ist nicht füglich einzusehen, wie in Ansehung der Annahme und Besorgung der an den Verpächter ergehenden Vorladungen jetzt noch ein Bedenken angeregt werden könne? Ueberdem liegt es bei dinglichen und gemischten, im dinglichen Grichtsstande angebrachten Klagen (§§. 111. 112. Tit. 2. der Prozeß-Ordnung) in dem Auftrage der gedachten Personen, sich auch mit solchen, die Sache selbst betreffenden Rechtsangelegenheiten zu befassen (Allgem. Landrecht Thl. I. Tit. 13. §. 122. Tit. 21. §. 434.). Daher ist diese Vorschrift, von welcher die des §. 35. der Prozeß-Ordnung h. t. nur eine besondere Anwendung enthält, mit der Beschränkung auf dingliche und gemischte Klagen (§. 50. des Entwurfs) beibehalten.

Zum §. 184.

Der §. 184. giebt den §. 27. der Prozeß-Ordnung **h. t.** wieder. Die Ausnahme, wenn die Klage von der Behörde gegen ihren Dienstherrn gerichtet ist, konnte übergangen werden, da es sich von selbst versteht, daß die Ladung der klagenden Behörde nicht selbst insinuirt werden darf.

Zu §§. 185—190.

In den §§ 185—190. sind die Vorschriften über die Art der Insinuation der gerichtlichen Verordnungen, wenn diese an öffentliche Behörden, Korporationen und Gemeinden, Vormünder und Curatoren, Unteroffiziere und Soldaten gerichtet sind, in der Art wiedergegeben, wie sie, nach der Natur dieser besonderen Verhältnisse, nach der Prozeß-Ordnung bereits bestehen.

Insbesondere geben die §§. 185 und 186. die Vorschriften des §. 28. Tit. 7. und §. 12. Tit. 35. der Prozeß-Ordnung h. t. Anhang §§. 57 und 58. in dem Umfange wieder, wie solche schon bisher befolgt worden sind, **cf.** Rescript vom 26. Mai 1837 (Jahrbücher Bd. 49. S. 449.).

Die §§. 187 und 188. entsprechen dem §. 29., so wie dem Schlußsatze des §. 34. der Prozeß-Ordnung **h. t.** und dem Rescripte vom 17. September 1835 (Jahrbücher Bd. 46. S. 110.).

Der §. 189. stimmt mit der Vorschrift der §§. 33a und 34. der Prozeß-Ordnung überein.

Der §. 190. gründet sich auf den §. 54. des Anhangs zur Allgemeinen Gerichtsordnung.

Von dem Revisor in der ersten Revision (fol. 90. des Entwurfs) ist zwar darauf angetragen, die abschriftliche Mittheilung der Klage an die vorgesetzte Behörde, so wie an das vormundschaftliche Gericht, als eine unnöthige Belästigung der Gerichte mit einem zur Prozeßleitung nicht gehörigen Geschäfte, nicht weiter zu erfordern. Auf diesen Vorschlag hat jedoch nicht eingegangen werden können, weil den in Rede stehenden öffentlichen Behörden, im Interesse ihrer Verwaltung und der, ihrer Aufsicht und ihrem Schutze anvertrauten moralischen und bevormundeten Personen, daran gelegen sein muß, von den angebrachten Klagen bald Kenntniß zu erhalten. Da übrigens diese Mittheilung der Klage nicht als eine Bedingung der gültigen Ladung anzusehen ist; so hat sie, um jedem Zweifel hierüber vorzubeugen, als eine nachrichtliche Mittheilung ausdrücklich bezeichnet werden müssen.

Zum §. 191.

Wenn mehrere Beklagte vorzuladen sind; so soll nach §. 31. der Prozeß-Ordnung h. t. derjenige, welchem die Vorladung zuerst vorgezeigt wird, befragt werden, ob er dieselbe seinen Mitgenossen zustellen wolle. Erklärt er sich hierzu bereit; so soll ihm die Vorladung belassen, sonst aber allen Interessenten vorgezeigt und dem letzten ausgehändigt werden. Da durch diese Maaßregel häufig Weiterungen, besonders dann entstehen, wenn der Mitinteressent, welcher die Vorladung weiter hat befördern wollen, dieser Verpflichtung nicht gehörig nachkommt; so ist von vielen Seiten auf die Aufhebung dieser Vorschrift angetragen. In dem Litisconsortium liegt auch kein Grund, aus welchem den einzelnen Interessenten die Vorladung nicht in eben der Art zu insinuiren wäre, wie jedem andern Beklagten. Es erscheint vielmehr jedenfalls nothwendig, daß einem jeden Interessenten eine besondere Vorladung zugestellt werde, um das darin angedrohete Präjudiz gegen ihn eintreten lassen zu können.

Auch gehört es allerdings zur Vollständigkeit der Vorladung, daß die Klage und deren Anlagen gleichfalls mitgetheilt werden, weshalb solches auch hier in der Regel zu erfordern war. Da aber dennoch Fälle vorkommen können, in welchen die Mittheilung der Klage und ihrer Anlagen an jeden Beklagten, besonders, wenn deren eine große Menge und die Anlagen sehr umfangreich sind, einen unverhältnißmäßigen Aufenthalt und Kostenaufwand verursachen würde; so ist für solche Fälle dem Ermessen des vorladenden Gerichts überlassen worden, die Anlagen der Vorladung nur einem oder einigen der Interessenten mitzutheilen, die übrigen aber in ihrer Vorladung auf die, jenen Personen mitgetheilten Abschriften ausdrücklich hinzuweisen. Diese können alsdann nicht allein dort, sondern auch bei Gericht Einsicht der Klage nehmen, oder deren Abschrift fordern, und ist daher eine Gefährdung ihrer Rechte durch diese, durch die vorausgesetzten besonderen Verhältnisse gerechtfertigte, Ausnahme von der Regel nicht zu befürchten.

Zum §. 192.

Bei Ladungen mehrerer Erben verordnet die Prozeß-Ordnung §. 32. h. t., daß, so lange die Erbschaft ungetheilt ist, die Insinuation im Sterbehause geschehen solle. Ist die Theilung schon erfolgt, der Kläger kennt aber die Erben nicht vollständig; so soll es hinreichen, wenn nur Ein Erbe benannt und diesem die Ladung zugestellt wird. Ein solcher Erbe soll alsdann, wenn er Miterben hat, denselben von der ergangenen Vorladung Nachricht geben, oder ihre Personen und ihren Aufenthalt dem Richter zur Besorgung der besondern Insinuation in Zeiten anzeigen.

Bei der ersten Revision (Entwurf S. 93.) ist auf Fortlassung dieser Bestimmung angetragen. Es hat jedoch nicht rathsam geschienen, die Aushülfe, welche die Insinuation im Sterbehause gewährt, ganz aufzugeben. Befindet sich einer der Erben in der Wohnung des Erblassers, worin dieser verstorben ist, und die Erbschaft ist noch ungetheilt; so kann es kein Bedenken haben, die Insinuation mit voller Wirkung dem ersteren geschehen zu lassen. Denn so lange die Erben den Erbschaftsgläubiger von der erfolgten Theilung noch nicht gehörig in Kenntniß gesetzt haben, ist die Klage in dem Gerichtsstande der Erbschaft gegen die Erben insgesammt begründet (Allgem. Landrecht Thl. I. Tit. 17. §. 132. und §. 65. des Entwurfs), und ist es nur als eine Folge dieses fortgesetzten Gerichtsstandes des Erblassers zu betrachten, wenn solche Klagen auch noch in seiner letzten Wohnung insinuirt werden. Damit indessen über die Personen, an welche die Zustellung der Vorladung in diesem Falle geschehen muß, kein Zweifel obwalten könne, ist der Aufenthalt eines der

Miterben im Sterbehause zur Bedingung dieser Art der Insinuation gemacht worden. Dagegen ist, außer diesem Falle, auch bei den Klagen gegen mehrere Erben die besondere Vorladung jedes Miterben aus denselben Gründen vorgeschrieben, aus welchen sie im §. 191. des Entwurfs bei anderen Mitinteressenten erfordert worden ist.

Der §. 33a der Prozeß-Ordnung, in Betreff der Vorladung an unbekannte Erben, ist bereits beim §. 10. des Entwurfs berücksichtigt. Ist der Verlassenschafts-Curator hiernach in Anspruch genommen; so versteht sich von selbst, daß die Insinuation der Vorladung auch an ihn geschehen muß.

Zum §. 193.

Der §. 193. tritt an die Stelle der §§. 37—39. der Prozeß-Ordnung h. t., indem er die Erfordernisse eines Insinuations-Dokuments genauer angiebt, andererseits aber die Vorschriften wegen Bestrafung derjenigen Personen, welche den insinuirenden Boten beleidigen oder sich ihm widersetzen, als nicht hierher, sondern zum Strafrechte gehörig, mit Stillschweigen übergeht.

Zum §. 194.

Diese Vorschrift, nach welcher die Insinuation, wenn sie mangelhaft ist, auf Kosten desjenigen, welcher den Fehler begangen hat, wiederholt werden muß, und eine mangelhafte Insinuation die Feststellung des angedroheten Präjudizes nicht begründen kann, bedarf, als aus dem Zwecke der Insinuation von selbst folgend, keiner näheren Begründung. In wie fern aber eine Zuwiderhandlung gegen diese Vorschrift eine Nullität der ferneren Verhandlungen nach sich zieht, kann erst bei den Vorschriften über die Nichtigkeitsbeschwerde bestimmt werden, indem dort zugleich vorgeschrieben ist, wann die Nichtigkeit durch spätere Handlungen für sanirt erachtet werden soll, cf. §§. 5 und 6. der Verordnung vom 14. Dezember 1833 (Gesetzsamml. S. 504.).

Zum §. 195.

Der §. 195. giebt den §. 40. der Prozeß-Ordnung **h. t.** wieder, dagegen ist die im §. 41. der Prozeß-Ordnung dem falsch berichtenden Gerichtsboten angedrohete Strafe, als in das Strafrecht gehörig, fortgeblieben.

Die Prozeß-Ordnung handelt in den §§. 48—51. h. t. von den Wirkungen der gehörig insinuirten Citation, welche dieselbe, außer den angedroheten Folgen des Ausbleibens im Termine, gesetzlich nach sich zieht. Diese Vorschriften waren indessen hier zu übergehen, theils weil sie in das materielle Recht gehören, theils weil sie an einer anderen Stelle in der Prozeß-Ordnung abzuhandeln sind. Eine Prüfung der gedachten Wirkungen wird dies näher darthun.

1) Es soll dadurch die Prävention begründet werden. Hierüber findet sich die erforderliche Vorschrift in dem §. 29. des Entwurfs.

2) Von der Rechtshängigkeit, welche dadurch entsteht, handelt §. 30. des Entwurfs.

3) Es wird die in Anspruch genommene Sache dadurch streitig (res litigiosa) und darf ihr Besitzer damit keine Veränderungen vornehmen, wodurch dem Gegner, wenn er den angefangenen Prozeß gewönne, ein Nachtheil erwachsen könnte. Hieraus soll dann ferner folgen, daß eine solche streitige Sache nicht abhänden gebracht, oder durch übermäßigen Gebrauch verschlimmert werden dürfe, widrigenfalls derjenige, welcher sie zur Zeit der insinuirten Citation besaß, den Gegner, wenn derselbe ein obsiegliches Urtheil erhält, vollständig entschädigen und den Werth der Sache, nach der Zeit der insinuirten Citation, vergüten muß.

Was die Prozeß-Ordnung hier als eine Wirkung der Litigiosität einer Sache für den Gegentheil aufführt, die Pflicht nämlich zum Schadensersatz für die von ihm verschuldeten Veränderungen oder Verschlimmerungen, ist nicht so sehr eine Folge der Litigiosität, als vielmehr ein Ausfluß der Verbindlichkeit, dem Gegner die Sache auszuhändigen oder ihn, wenn er sich dazu außer Stand gesetzt hat, zu entschädigen. Hierbei kann denn allerdings für die Frage: ob und von welcher Zeit an der Verpflichtete als ein unredlicher Besitzer anzusehen sei und welche Schäden (cf. §§. 59—61. Tit. 23. der Prozeß-Ordnung), Zinsen und Früchte er demgemäß zu erstatten habe, der Zeitpunkt der Behändigung der Klage entscheidend sein (Allgem. Landrecht Thl. I. Tit. 7. §. 222. Tit. 15. §. 16.). Allein diese Verbindlichkeit kann auch von einem früheren Zeitpunkte an beginnen, und ist es daher eben so überflüssig, als unzweckmäßig, diese materiellen Rechtssätze hier, bei Gelegenheit der Vorschriften über die Insinuation der Vorladungen, abzuhandeln.

Von den Wirkungen der Litigiosität **für den dritten Erwerber** einer streitigen Sache, mit Kenntniß oder ohne Kenntniß von dieser Eigenschaft, spricht die Prozeß-Ordnung überhaupt nicht. Sie handelt vielmehr die Frage über die Vollstreckbarkeit des Judicats gegen den Erwerber einer streitigen Sache in dem Titel von der Execution (Tit. 24. §. 9.) ab, wohin sie aber ebenfalls nur in sofern gehört, als überhaupt für rathsam erachtet wird, von den allgemeinen Grundsätzen über den redlichen Erwerb einer Sache (cf. Allg. Landrecht Thl. I. Tit. 10. §§. 18—25. Tit. 11. §§. 383. u. 384. Tit. 15. §§. 17 seq.) in Ansehung des redlichen Erwerbs einer rechtshängigen Sache abzuweichen.

Was aber den, für die Prozeßführung selbst wichtigen Grundsatz anlangt, daß durch die Abtretung einer rechtshängigen Sache weder in Ansehung des Gerichtsstandes, noch der Lage des Prozesses selbst etwas geändert wird (Allgem. Landrecht Thl. I. Tit. 11. §. 384.); so ist derselbe, in Betreff des Gerichtsstandes, bereits im §. 30. des Entwurfs ausgesprochen. Ob und in wiefern aber der Wechsel der Besitzer der streitigen Sache eine Wirkung auf das Prozeßverfahren äußern könne, davon ist unten in dem Titel von der Wiederaufnahme des Prozesses (Tit. 20. §§. 1—7. der Prozeß-Ordnung) die Rede.

4) In Betreff der Folgen des Verzugs nimmt die Prozeß-Ordnung selbst auf die materiellen Bestimmungen Bezug (Allgem. Landrecht Thl. I. Tit. 16. §§. 16 seq. §§. 64 seq.).

5) Eben so enthalten die §§. 50 und 51. der Prozeß-Ordnung h. t. nur Verweisungen auf das Allgemeine Landrecht.

Wenn aber hiernach die materiellen Wirkungen der Citation hier ausscheiden; so müssen damit die Vorschriften im §. 49. der Prozeß-Ordnung über die Wiederaufhebung dieser Wirkungen von selbst fortfallen.

Sechster Titel.

Von Terminen, Fristen, Prorogationen, Prozeßschriften und Protokollen.

Zum §. 196.

Nach dem, dem allgemeinen Theile vorausgeschickten Plane sind in dem Materiellen einige Materien abgehandelt, welche zu einer generellen Norm vorzüglich deshalb sich eignen, weil sie keiner einzelnen Prozeßhandlung ausschließlich angehören, sondern bei mehreren Gelegenheiten im Prozesse vorkommen. Um daher die generelle Natur der hier zusammengestellten Vorschriften klar hervorzuheben, erschien es rathsam, ausdrücklich zu sagen, daß sie für alle Prozeßverhandlungen gelten, in sofern nicht für einzelne derselben etwas Abweichendes vorgeschrieben worden ist. Zu diesem Gegenstande gehören auch die gerichtlichen Fristen und Termine.

Zu §§. 197 und 198.

Diese Bestimmungen über dieselben stimmen wesentlich mit den Vorschriften der §§. 2 und 33. Tit. 8. der Gerichtsordnung überein. Die Normalfrist von vier Wochen ist nicht allein für den Termin zur Beantwortung der Klage, sondern auch für die weiteren Termine im ordentlichen Prozesse angemessen. Es liegt jedoch schon von selbst vor, daß hierüber eine durchgreifende Vorschrift nicht ertheilt werden kann, sondern daß vielmehr bei der Abmessung der Fristen dem richterlichen Ermessen eine um so ausgedehntere Befugniß eingeräumt werden muß, als die Umstände, welche eine Abkürzung oder Verlängerung der gewöhnlichen Frist gestatten oder nothwendig machen, sich unmöglich im Voraus übersehen lassen.

Zu §§. 199 und 200.

Nach §. 62. des Anhangs zur Prozeß-Ordnung soll nur, wenn von einem schleunigen und dringenden Arreste die Rede ist, dessen Anlegung und Rechtfertigung ohne die höchste Gefahr nicht ausgesetzt werden kann, erlaubt sein, das Geschäft auch an einem Sonn- oder Festtage vorzunehmen. Allein es giebt auch andere Fälle, in welchen die Gefahr des Verzugs nicht minder groß oder noch größer sein kann, als bei dem schleunigen Arreste, z. B. bei Einwendungen gegen die Execution, insbesondere die Personal-Execution, in Possessoriensachen, wenn eine Besichtigung vorzunehmen ist, die vielleicht schon am folgenden Tage kein Resultat mehr liefert. Es erscheint daher zweckmäßiger, die Bestimmung darüber, ob der Fall für so dringend anzusehen ist, daß ein Aufschub bis zum folgenden Tage unstatthaft sein würde, dem richterlichen Ermessen zu überlassen, und überhaupt nur in den dringendsten, einen Aufschub durchaus nicht zulassenden Fällen die Abhaltung der Termine, oder andere gerichtliche Acte, an Sonn- oder Feiertagen zu erlauben.

Auch für Bekenner geduldeter Religionsgesellschaften ist die Ansetzung der Termine an Sabbat-, Fest- und Bußtagen nur in den gedachten dringendsten Fällen gestattet worden, da ihnen ebenfalls der Regel nach nicht zugemuthet werden kann, an solchen Tagen vor Gericht zu erscheinen und es daher unstatthaft sein würde, gegen sie, weil sie an einem solchen Tage den Termin nicht abgewartet haben, ein Contumacial-Urtheil zu erlassen.

Indem aber hiernach die Möglichkeit vorhanden ist, daß ausnahmsweise ein Termin auf einen Sonntag angesetzt wird; so kann die Vorschrift der Prozeß-Ordnung §. 5. h. t. nicht ferner beibehalten werden, wonach, wenn ein Termin aus Versehen auf einen Sonn- oder Feiertag angesetzt worden, darunter der zunächst folgende Tag verstanden werden soll. Denn die Partei kann nicht wissen, ob die Bestimmung lediglich auf einem Versehen beruhe oder nicht, man muß daher dem Richter zutrauen, daß er solche Versehen nicht begehen werde. Außerdem aber hat diese Vorschrift das gegen sich, daß die Parteien in der Regel wegen Unbekanntschaft mit dieser prozessualischen Bestimmung, sich dennoch zur rechten Zeit nicht einfinden werden.

In gleicher Art waren die bloß reglementarischen Bestimmungen der §§. 6 und 7. Tit. 8. der Prozeß-Ordnung, über die Zahl der an demselben Tage anzusetzenden Termine und über die Pflicht, sich die Termine genau zu bemerken, hier zu übergehen.

Der §. 8. Tit. 8. der Prozeß-Ordnung verordnet, daß derjenige, welcher länger, als eine Stunde, auf sich warten läßt, wenn dadurch der Termin vereitelt wird, oder deshalb die Verhandlung unbeendigt bleiben muß, allemal die Kosten dieses Termins allein zu tragen, mithin auch alle vergeblich erschienenen Personen zu entschädigen hat. Dagegen soll das angedrohete Präjudiz erst dann für verwirkt angesehen werden, wenn die Partei zu dem auf den Vormittag anberaumten Termine bis um 12 Uhr und, wenn der Termin am Nachmittage anstand, nicht bis um fünf Uhr sich gemeldet hat. Diese Vorschrift hat allerdings wohl zu dem Mißbrauche geführt, daß die Termine überhaupt erst um 12 Uhr Mittags oder um 5 Uhr Nachmittags abgewartet worden sind und begonnen haben. Es liegt aber von selbst vor, daß, wenn die Deputirten bei Handhabung des ersten Präjudizes strenge zu Werke gehen, die Geschäfte zur bestimmten Stunde vornehmen und die säumigen Parteien oder Sachwalter, welche zur bestimmten Stunde nicht erschienen sind, nur einige Male unverrichteter Sache mit Auferlegung der Kosten zurückweisen, sich sehr bald eine ganz andere, den gesetzlichen Vorschriften entsprechende Praxis bilden würde. Aus jenen wirklichen, einer Abstellung fähigen Mißbräuchen darf aber keine Veranlassung genommen werden, von der Vorschrift der Prozeß-Ordnung, die mit der Billigkeit so sehr übereinstimmt, abzuweichen und dagegen der in der Verordnung vom 1. Juni 1833 §. 21., so wie in der Allerhöchsten Cabinetsordre vom 18. October 1837 (Gesetzsamml. S. 147.) getroffenen Bestimmung den Vorzug zu geben, nach welcher die Verwarnung realisirt wird, sobald die Partei beim Aufruf der Sache zur bestimmten Stunde nicht erscheint. Denn diese Strenge führt wiederum den Nachtheil mit sich, daß die Parteien, wie namhafte Fälle bekannt sind, auf solche Weise durch einen ganz unverschuldeten Zufall die wichtigsten Rechte verlieren können. Diese Gefahr für die materiellen Rechte der Parteien kann durch die Vortheile, welche für die Geschäftsordnung aus jener Einrichtung entstehen, keinesweges aufgewogen werden, und es ist daher in dem vorliegenden Entwurf bei der Vorschrift der Prozeß-Ordnung stehen geblieben. Es ist ganz unmöglich, von den Parteien zu fordern, daß sie auf den bestimmten Glockenschlag erscheinen, das geringste unerwartete Hinderniß, eine Verschiedenheit des Ganges der Uhr oder sonst ein unvorhergesehener Umstand, kann es ihnen nicht gestatten, sie aber gerechterweise nicht um ihr Recht bringen. Diese Strenge mag anwendbar sein, wo nur Sachwalter vor Gericht erscheinen und sämmtlich im Gerichtshause während der Sitzungszeit versammelt sein müssen und durch den Aufruf sofort herbei geholt werden können. Auf die Parteien selbst, besonders diejenigen, welche vom Lande oder aus andern Orten zum Gerichte kommen müssen, ist dies Verfahren aber ungerecht, hart und überflüssig. Weil eine Partei um die Minute, in welcher sie aufgerufen wird, sich versäumt hat, kann sie ohne Ungerechtigkeit ihr Recht nicht verlieren, der Richter muß mit ihr mindestens einige Stunden Nachsicht haben, und wenn sie dann noch erscheint, und durchaus nicht mehr sollte vernommen werden können, auf ihre Kosten einen anderweitigen Termin ansetzen. Das wahre Interesse der Rechtspflege kann nicht darin, daß Sachen nur überhaupt und rasch abgemacht werden, sondern darin bestehen, daß Jedem, der Recht hat, Recht gründlich widerfahre, und daher muß die gründliche Untersuchung einem Contumacial-Bescheide vorgezogen werden, zumal eine Partei, die nur um einige Stunden, oder gar eine Stunde später auf die Ladung erscheint, überall gar nicht als contumax angesehen werden kann, sondern sich nur versäumt hat. Die Partei werde deshalb nicht einmal in eine

Ordnungsstrafe genommen werden können, sondern diese nur gegen den Sachwalt zu verhängen sein.

Zum §. 201.

Bei dieser Vorschrift wegen Berechnung anderer Fristen, außer den Terminen, ist den allgemeinen Grundsätzen gemäß angenommen, daß der Tag der Insinuation der Verfügung nicht mitgerechnet wird. Außerdem hätte aber die volle Frist nur dadurch gewährt werden können, wenn die Erledigung bis zum Ablauf des letzten Tages gestattet worden wäre, was bei den eingeführten Dienststunden unausführbar erscheint. Aus diesem Grunde ist daher die Erledigung der Verfügung auch noch während der Dienststunden des Gerichts am nächsten Tage nach Ablauf der Frist gestattet worden.

Zum §. 202.

Die Vorschriften der Prozeß-Ordnung Tit. 8. §§. 20 bis 33., über die Prorogation der Termine, sind hier, unter Ausdehnung derselben auf die Fristen, durch Unterscheidung folgender beiden Fälle möglichst vereinfacht.

1) War der erste Termin oder die erste Frist von Anfang an zu kurz bemessen; so daß also nach den im §. 197. aufgestellten Grundsätzen eigentlich eine längere Frist hätte bestimmt werden sollen; so kann die Prorogation auch ohne Zustimmung der andern Partei und ohne Angabe und Bescheinigung besonderer Hinderungs-Ursachen, zugestanden werden. Denn diese Prorogation ist alsdann lediglich als eine Ergänzung und Verbesserung der ersten Vorladung oder Verfügung anzusehen; und wird aus diesem Grunde, wenn nicht offenbare Versehen bei der Erweiterung der Frist vorfallen, auch nur einmal vorkommen können.

2) War aber der erste Termin oder die erste Frist geräumig genug abgemessen, und die Prorogation wird nur wegen eingetretener besonderer Hindernisse nachgesucht; so ist zu deren Bewilligung entweder die Zustimmung der andern Partei oder, in deren Ermangelung, die Angabe und Bescheinigung der Hinderungs-Ursachen vor dem

Termin oder vor Ablauf der Frist erfordert. Wenn die Prozeß-Ordnung §. 23. h. t. die Prorogation des ersten Termins überall ohne diese Bescheinigung gestattet; so ist dadurch dem Beklagten die Befugniß gegeben worden, die ihm gestattete erste Frist willkührlich zu verdoppeln, und hat es nicht fehlen können, daß hierdurch die Prorogationen mißbräuchlich und ohne Noth vermehrt worden sind. Der vorliegende Entwurf ist daher von dieser Ansicht abgegangen, dagegen aber angenommen, daß wenn wirkliche Hindernisse als vorhanden wirklich bescheinigt worden sind, die Aussetzung des ersten Termins nicht das mindeste Bedenken leiden kann. Dasselbe muß aber auch von den ferneren Terminen gelten, da es eben so inconsequent, als unbillig und ungerecht sein würde, gegen denjenigen das Contumacial-Erkenntniß abzufassen, von dem bereits genügend feststeht, daß ihm die Abwartung des Termins unmöglich gewesen ist. Wenn eine schwere Krankheit und das Unglück, was schon die erste Prorogation nothwendig machte, beim Ablauf der zweiten Frist in noch stärkerem oder eben dem Maaße fortdauert, oder ein anderes, gleich schweres die Prorogation nachsuchende Partei überfallen hat; so kann die Verlängerung der Frist ihr gerechter- und consequenterweise eben nicht versagt werden. Die Prozeß-Ordnung kann ihr weder gestatten, noch vorschreiben, wie lange und wie oft sie unter dem Präjudiz mit der Vertheidigung ihrer Rechte präcludirt zu werden, nur lebensgefährlich krank oder durch andere Unglücksfälle zur Wahrnehmung ihrer Rechte unfähig gemacht werden dürfe. Allerdings können derselben, selbst schon bei dem ersten Prorogationsgesuche wegen solcher Hindernisse, als wegen eines in ihrer Person eingetretenen Zufalls, diejenigen Kosten zur Last gelegt werden, welche anderen Personen dadurch erwachsen sind, daß sie nicht zeitig genug von der Verlegung des Termins Kenntniß erhalten und sich deshalb vergeblich eingefunden haben. Dagegen läßt es sich aber durchaus nicht rechtfertigen, an einen solchen Zufall gesetzlich diejenigen Folgen zu knüpfen, welche grundsätzlich nur den Säumigen und Ungehorsamen treffen sollen, wofür sie überall nicht zu halten ist. Auf das Hülfsmittel der Restitution darf hierbei ebenfalls kein entscheidendes Gewicht gelegt werden. Dasselbe ist für solche Fälle berechnet, wenn der Termin abgehalten ist, ohne daß die Partei erschienen wäre oder ihr Ausbleiben genugsam entschuldigt hätte, wenn also der Fall, für welchen der Rechtsnachtheil angedrohet war, bereits eingetreten ist und dann erst die Restitution wegen erheblicher Hinderungs-Ursachen nachgesucht wird.

Wenn aber dieselben Hinderungs-Ursachen bereits im Termine oder vor Realisirung des Präjudizes gehörig bescheinigt vorliegen; so ergiebt sich hieraus, daß ein Ungehorsam nicht vorwaltet. Es würde daher unstatthaft sein, in einem solchen Falle dennoch die Folgen des Ungehorsams eintreten zu lassen, und den wirklich Verhinderten auf das Rechtsmittel der Restitution zu verweisen, wodurch überdem der Beschleunigung des Prozesses nicht geholfen sein würde, weil derselbe dadurch noch länger aufgehalten werden würde, als wenn sogleich ein neuer Termin angesetzt worden wäre.

Zum §. 203.

Diese Vorschrift hat bereits oben zum §. 182. ihre Rechtfertigung gefunden, indem sie mit der in Vorschlag gebrachten Aufhebung der Edictal-Citation und der an deren Stelle getretenen Vorladung des Vormundes oder Litiscurators des Abwesenden in genauer Verbindung steht.

Wenn keine Gründe zu der Annahme vorhanden sind, daß sich der Beklagte, lediglich, um der Klage zu entgehen, entfernt habe und absichtlich sich verborgen halte; so wird man dem Curator desselben, welcher seinen Aufenthalt zu ermitteln und Information von ihm einzuziehen hofft, ohne Gefährdung der Interessen des Abwesenden eine geräumige Frist hierzu nicht verweigern können. Nach §. 203. des Entwurfs soll ihm daher dieselbe drei- bis sechsmonatliche Frist bewilligt werden können, welche der §. 15. Tit. 7. der Prozeß-Ordnung bisher für die Edictal-Citationen vorgeschrieben hat. Findet der Curator solche Nachforschungen für überflüssig; so fällt damit dieser Aufenthalt von selbst weg.

Sind aber gegründete Vermuthungen vorhanden, daß der Beklagte sich absichtlich verborgen halte, oder hat sich die Partei im Laufe des Prozesses entfernt; so würde alsdann eine Aussetzung des Termins nicht zu billigen sein, und ist sie daher für diese Fälle ausdrücklich untersagt worden.

Zu §§. 204 und 205.

Was in dem §. 70. der Verordnung vom 1. Juni 1833 in Ansehung der Klage, Appellation und Revision und deren Beantwortungen vorgeschrieben worden ist, hat hier auf die Replik und deren Beantwortung ausgedehnt werden müssen, da es überall kein Bedenken hat, den Parteien zu gestatten, in den Terminen ihre Erklärungen mündlich zu Protokoll zu geben oder schriftlich in der gehörigen Form anzubringen, die Sachwalter hingegen die beiden gedachten Satzschriften schriftlich einreichen müssen. In Betreff der Form der selbst eingereichten Schriften bestimmt der §. 71. der Verordnung vom 1. Juni 1833, daß die Parteien ihre Schriftsätze selbst verfassen können, doch soll wegen Mangelhaftigkeit eines Schriftsatzes niemals die Verlegung eines Termins Statt finden. Hierdurch ist die Partei in Ansehung der Klage und der Klage-Erwiderung einer sehr gefährlichen Befugniß ausgesetzt. Wenn sie z. B. unerfahren genug ist, statt der Wahrnehmung des Termins die Klage oder die Klagebeantwortungs-Schrift selbst abzufassen und einzureichen, welcher es an den gehörigen Erfordernissen und insonderheit an der Einlassung und an der vollständigen Darstellung der Einreden gebricht; so wird sie sich dadurch die größten Rechtsnachtheile zuziehen. Die Gefahr ist um so größer, je weniger davon die Partei, wenn sie nicht zu den Rechtsverständigen gehört, unterrichtet sein kann. Im eigenen Interesse der Partei ist es daher nothwendig, zu verordnen, daß sie entweder selbst im Termine gegenwärtig sein und sich vom Deputirten zu Protokoll vernehmen lassen, oder eine von einem beim Gerichte angestellten Justizcommissarius wenigstens mitunterschriebene Schrift einreichen müsse. Diese Beschränkung ist überdies das einzige Mittel, die Prozeß-Acten von ganz unbrauchbaren, formlosen und unverständlichen Schriften frei zu halten, indem man die bei dem Gerichte angestellten Justizcommissarien anhalten kann, solche, jedes tüchtige Prozeßverfahren hemmende, Schriften nicht zu legalisiren, sondern zurückzuweisen. Hiernach wird der §. 205. des Entwurfs überall gerechtfertigt erscheinen.

Die Vorschriften der §§. 70 und 72. der Verordnung vom 1. Juni 1833, nach welchen den Schriftsätzen eine Abschrift derselben für den Gegentheil beizufügen ist und die Decrete im Laufe des Prozesses mittelst, von dem Kanzelleivorstande beglaubigter, Abschriften an die Betheiligten erlassen werden sollen, haben, weil sie bloß reglementarisch sind, hier um so mehr fortbleiben müssen, als namentlich in Hinsicht der ersteren Vorschrift nicht zu übersehen ist, in wiefern die Einrichtung der gerichtlichen Kanzelleien die Beibehaltung oder Generalisirung derselben rathsam machen dürfte.

Zum §. 206.

Nach dem Vorschlage des ersten Entwurfs (§§. 184 und 444.) sind hier einige Vorschriften aufgenommen, welche zur Verhütung von animosen Schriften und Erklärungen, so wie zum Schutze der Gerichtspersonen gegen die Ausbrüche leidenschaftlicher Parteien dienen werden. Es liegt in der Natur der Sache, daß eine bloße Verweisung auf die Strafen der Injurien hier nicht zum Ziel führt, vielmehr eine augenblickliche Abhülfe der Unordnung erforderlich ist. Auch kann es kein Bedenken haben, die richterlichen Beamten zur Handhabung der Ordnung in den Terminen zu ermächtigen, da ihre Amtswirksamkeit in den Terminen ohne diese Befugniß gehemmt werden könnte, und letztere daher zur Ausführung ihres Auftrages erforderlich ist.

Dagegen erscheint es nicht nothwendig, eben diese Deputirten zur sofortigen Verhängung von Strafen zu ermächtigen; es genügt vielmehr, wenn das Gericht Ordnungsstrafen bis zu zehn Thalern gegen die Contravenienten festsetzen kann, indem es diese Strafe rasch auf das verbotswidrige Betragen folgen zu lassen ebenfalls im Stande ist.

Zu §§. 207—211.

Außer den im §. 207. enthaltenen Vorschriften über die Aufnahme des Protokolls, welche aus dem Zwecke eines jeden Protokolls sich von selbst ergeben, ist in dem §. 208. bestimmt, daß zu demselben stets ein Protokollführer, bei Strafe der Ungültigkeit der Prozeßverhandlung (§. 211. des Entwurfs), zugezogen werden soll. Diese allerdings eben so erhebliche, als nothwendige Veränderung der bestehenden Verfassung (Anhang §. 2. zur Prozeß-Ordnung) wird kaum noch einer Rechtfertigung bedürfen, nachdem sie bereits im §. 73. der Verordnung vom 1. Juni 1833 selbst für die Verhandlungen im summarischen und Bagatell-Prozesse getroffen worden ist. Dasjenige, was für diese Prozesse zur Beglaubigung und Feststellung des im Termine verhandelten für nothwendig erachtet worden ist, muß um so mehr für die weit wichtigern Verhandlungen im ordentlichen Prozesse gelten und als Norm vorgeschrieben werden. Außer der größeren Garantie, welche dadurch den Parteien gegen mögliche Irrthümer und Uebereilung des Deputirten gegeben wird, dient sie überdies so wesentlich zur Beförderung der geistigen Thätigkeit, der Umsicht und des Nachdenkens und selbst des Ansehens der richterlichen Beamten, daß dadurch allein schon die mit der Anstellung mehrerer Protokollführer verbundenen Schwierigkeiten überwogen werden. Es hemmt und beschränkt nichts mehr die Aufmerksamkeit und Umsicht des Deputirten, als die Aufgabe, während der Vernehmung gleichzeitig das Protokoll aufzunehmen und niederzuschreiben, und schwächt dadurch entweder die Vollständigkeit desselben oder hält die Vernehmung auf. Hiervon ganz abgesehen, giebt schon an sich ein von dem vernehmenden Richter selbst aufgenommenes Protokoll für die Richtigkeit desselben nicht diejenige volle Gewähr, welche die Parteien zu fordern berechtigt sind. Wenngleich mit Recht angenommen werden muß, daß der Richter der

Deputation das Protokoll gewissenhaft aufnimmt; so giebt es doch, wenn er dasselbe selbst abhält, dafür keine Gewähr, daß er nicht die Erklärungen der Parteien einseitig, sondern klar und richtig auffaßt und in das Protokoll aufnimmt und überhaupt festhält.

Alsdann bedarf es auch der in den §§. 68—71 u. 74. des Anhangs zur Prozeß-Ordnung vorgeschriebenen Förmlichkeiten und insbesondere der Zuziehung eines andern glaubhaften Mannes für den Fall, daß eine Partei das Protokoll nicht unterschreiben kann oder will, nicht mehr. Erklärt Jemand, die mit ihm aufgenommene Verhandlung nicht unterschreiben zu können oder zu wollen; so genügt es, wenn er im letzteren Falle über den Grund seiner Weigerung vernommen und in beiden Fällen seine Erklärung, so wie der hierfür angegebene Grund zum Protokoll vermerkt wird. Dies ist daher im §. 209. bestimmt worden.

Die Befolgung dieser Vorschrift ist jedoch, damit das Protokoll für denjenigen, mit welchem verhandelt worden ist, verbindende Kraft erhalte, eben so wesentlich, als dessen Unterschrift, die dadurch ersetzt werden soll. Fehlt die Unterschrift und ist auch jene Vorschrift (§. 209.) nicht beobachtet; so muß die Verhandlung als unvollendet und deshalb als unverbindlich für den Erklärenden angesehen werden. In dieser Bedeutung ist daher die Vorschrift des Anhangs §. 68., wodurch der §. 64. Tit. 25. der Prozeß-Ordnung bereits abgeändert worden war, im §. 210. wiedergegeben worden. Außerdem ist die Unterschrift des Richters und des Protokollführers bei Strafe der Ungültigkeit der Prozeßverhandlung vorgeschrieben (§. 211.), weil nur auf diese Weise die, zur Beglaubigung der gerichtlichen Verhandlung für wesentlich erachtete Mitwirkung zweier Gerichtspersonen gesichert und als wirklich eingetreten festgestellt werden kann.

Dagegen erscheint die Beobachtung der übrigen Vorschriften, welche in Betreff der Abfassung der Protokolle in den §§. 207 und 208. aufgeführt worden sind, nicht so wesentlich, um sie bei Strafe der Ungültigkeit der betreffenden Verhandlung zu erfordern. Sie stellen sich dadurch von selbst als

Bestimmungen dar, deren Nichtbefolgung, als der Ordnung zuwider, zu rügen ist, nicht aber nothwendig eine Ungültigkeit der Verhandlung zur Folge hat.

Zu §§. 212—215.

Die Vernehmung der Personen, welche taub, stumm, taubstumm oder blind sind, ist hier nach den Vorschriften des Anhangs §. 73. zur Prozeß-Ordnung und der §§. 4—8. Thl II. Tit. 3. der Allg. Gerichtsordnung angeordnet. Bei den Taubstummen erschien die Zuziehung eines zweiten Sachverständigen nicht unumgänglich nöthig, und ist daher dieselbe in das Ermessen des Richters gestellt worden. Daß aber dem Blinden ein Beistand zugeordnet wird, ist deshalb überflüssig, weil der Protokollführer die Stelle desselben füglich ersetzen kann.

Zu §§. 216—220.

Es treten diese Bestimmungen über die Zuziehung von Dolmetschern an die Stelle der §§. 213—216. Tit. X. der Prozeß-Ordnung und Anhang §§. 75 und 87. (cf. §§. 39 und 40. Thl. II. Tit. 2. der Allgem. Gerichtsordnung). Da die Zuziehung des Protokollführers als wesentliches Erforderniß des Protokolls angeordnet worden ist; so folgt von selbst, daß, um die Zuziehung des Dolmetschers entbehrlich zu machen, beide Gerichtspersonen der Sprache des zu Vernehmenden kundig sein müssen.

Siebenter Titel.

Von dem Verfahren bei der Abnahme der Eide.

Der sächliche Inhalt der Eide, welche im Prozesse vorkommen, ist verschieden, jenachdem der Gegenstand, zu dessen Bekräftigung er dienen soll, verschieden ist. Die Normirung der Eide mußte daher bei denjenigen Prozeßverhandlungen, bei welchen sie vorkommen, in dem speziellen Theile abgehandelt werden. Dagegen sind die Betheurungsformeln, so wie das ganze bei der Abnahme eines Eides zu beobachtende Verfahren, etwas allen Eiden Gemeinsames. Dieses Verfahren eignet sich daher zu einer generellen Darstellung und zur Aufnahme in den allgemeinen Theil um so mehr, als sonst Wiederholungen bei den betreffenden Prozeßverhandlungen unvermeidlich sind, auch die Darstellung des übrigen Verfahrens durch die Vorschriften über diese Förmlichkeiten unzweckmäßig unterbrochen wird.

Zum §. 221.

Diese Vorschrift entspricht dem §. 370. Tit. 10. der Prozeß-Ordnung.

Zum §. 222.

conf. §§. 203. 315 und 372. Tit. 10. der Prozeß-Ordnung, Anhang §§. 92—94.

Die Vorschrift der Prozeß-Ordnung ist hier etwas umständlicher gefaßt worden, da sie mehrere Zweifel zurückläßt. Nach den §§. 336 und 366. h. t. nämlich bleibt es zweifelhaft, ob die Gerichtsordnung beabsichtigt hat, rücksichtlich der Eide der Evangelischen und Katholiken zu verordnen, daß ihnen dieselben vorgesagt und von ihnen nachgesprochen werden sollen, worauf allerdings der Ausdruck: „mit nachgesprochenen Worten" hindeutet, in welcher Weise er auch von den Praktikern interpretirt worden ist. Das Vorsprechen des Eides ist jedoch unnütz und thut selbst der Würde der Handlung Abbruch, wenn der Schwörende zu lesen versteht. Die Gerichtsordnung hat auch durch jenen Ausdruck wohl nur andeuten wollen, daß die Worte des Eides sacramentell seien und nicht geändert werden dürften. Deshalb ist die Regel aufgestellt, daß alle Personen, welche lesen können, den Eid ablesen müssen, und wird hiervon nur dann eine Ausnahme gestattet, wenn es der Richter nach der Persönlichkeit des Schwörenden nicht für angemessen erachtet, von Letzterem den Eid ablesen zu lassen. Die Gerichtsordnung spricht sich ferner nicht bestimmt darüber aus, ob, wenn mehrere Personen, insonderheit mehrere Zeugen, zu vereiden sind, der Eid von jedem besonders geleistet werden müsse, und es ist daher hin und wieder üblich geworden, mehrere Zeugen auf einmal zu vereiden. Abgesehen davon, daß dieses Verfahren der Würde der Handlung schadet, hat es auch noch den Nachtheil, daß dabei der Deputirte sich außer Stande befindet, zu hören, ob auch jeder einzelne Zeuge den Eid wirklich vollständig leistet. Aus diesem Grunde hat man sich dafür entschieden, die besondere Vereidung eines jeden einzelnen Zeugen, so wie überhaupt jeder Person, welche einen Eid abzuleisten hat, zu verordnen. Ein allgemein gefühltes Bedürfniß ist allerdings eine größere Würde und Feierlichkeit für die Ableistung der Eide, und sind darüber mehrere Vorschläge gemacht und Bestimmungen erlassen. Zu letzteren gehören insonderheit die Justiz-Ministerial-Rescripte vom 26. Novbr. 1830 und 8. Januar 1840 (Jahrbücher Bd. 36. S. 312. und Justiz-Ministerialblatt von 1840 S. 28.).

Zum §. 223.

In dem §. 203. Nr. 1. Tit. 10. der Prozeß-Ordnung sind alle Personen fürstlichen Standes von der mündlichen Eidesleistung entbunden; diese Vorschrift scheint aber über ihre Absicht ausgelegt zu sein, und ist daher auf regierende Fürsten und Mitglieder ihres Hauses, so wie auf Häupter derjenigen standesherrlichen Häuser, welche ehemals Reichsständischen angehört haben, beschränkt.

Zum §. 224.

Diese Bestimmung entspricht dem §. 203. Nr. 6. und §. 315. Tit. 10. der Prozeß-Ordnung.

Zum §. 225.

Die Allgem. Gerichtsordnung Thl. I. Tit. 10. §. 314. läßt zwar die Ableistung des Eides durch einen Bevollmächtigten mit ausdrücklicher Bewilligung des Gegentheils zu, enthält indessen darüber und über die Form des Eides und der Ableistung desselben keine nähern Bestimmungen. Es wird daher der Gesichtspunkt, daß der Mandant derjenige ist, der den Eid schwört, und in dessen Namen und Seele er geschworen wird und abgeleistet werden muß, nicht fest genug gehalten. Es ist daher nicht allein eine Spezial-Vollmacht zur Ableistung des Eides, sondern auch die im Namen des Mandanten abgefaßte und von ihm vollzogene Eidesform erforderlich, welche der Spezialbevollmächtigte an des Mandanten Stelle eben so, wie letzterer, wenn er den Eid persönlich ableistet, verlesen würde (§. 222.), und dadurch im Namen des Gewaltgebers den Eid ablegt. Die Eidesform kann zwar in die Spezialvollmacht wörtlich aufgenommen werden, muß jedoch von dem Mandanten besonders und unabhängig von der Vollziehung der Spezialvollmacht vollzogen werden. Nicht der Spezialbevollmächtigte, sondern der Mandant ist derjenige, der in foro conscientiae et juris den Eid leistet und des Meineides sich schuldig macht. Diese Grundsätze folgen aus der Natur der Sache und stimmen mit den Reichsgesetzen und der Praxis in Deutschland überein.

Zum §. 226.

Diese Bestimmung folgt aus dem in den Reichsgesetzen gegründeten allgemeinen Grundsatz, daß Personen des erlauchten Standes gerichtliche Eide nicht persönlich ableisten, eben so, als der im §. 223. gedachte Grundsatz, und beruht auf der allgemeinen Verfassung in Deutschland. Sie ist durch die Allerhöchste Cabinetsordre vom 15ten September 1836 (Jahrbücher Bd. 48. S. 218.) bestätigt, da nach derselben „ein souverainer Bundesfürst einen Eid durch einen Bevoll-„mächtigten abzuleisten befugt ist, ohne daß dazu die Ein-„willigung der Gegenpartei erforderlich ist.“

Zum §. 227.

In den §§. 373 und 374. Tit. 10. der Prozeß-Ordnung, woher diese Bestimmung entnommen ist, ist vorgeschrieben, daß, wenn der Gegentheil ausbleibt, demselben von Amtswegen ein mandatarius ad jurare videndum zugeordnet werden solle. Es ist hiergegen erinnert worden, daß diese Zuordnung füglich wegfallen könne, weil die Erfahrung gelehrt habe, daß dieselbe ein bloßes formale sei. Dafür ist sie zwar nicht zu halten; es scheint aber doch eine zu weit getriebene

Fürsorge, einer Partei, von deren Willen es abhängt, entweder persönlich zu erscheinen oder doch selbst einen Bevollmächtigten zu bestellen, wenn sie dies unterläßt und vermuthlich also nicht für nothwendig hält, dennoch einen Mandatarius von Amtswegen zuzuordnen und ihr dadurch Kosten zu verursachen.

Zu §§. 228 und 229.

cf. §§. 204. 368 und 369. Tit. 10. der Prozeß-Ordnung, Anhang §§. 81. 82 und 96.

Der Revisor hält die Zuziehung eines Geistlichen für unnöthig und zugleich für bedenklich, weil, wenn sie nicht für alle Fälle angeordnet werde, im einzelnen Falle derjenige, welcher durch einen Geistlichen ermahnt wird, glauben müsse, daß schon der Richter Zweifel in seine Gewissenhaftigkeit setze. Allerdings erscheint es unzweckmäßig, daß der Richter allein und ohne Antrag des Gegentheils über die Zuziehung eines Geistlichen bei der Verwarnung des Schwörenden entscheiden soll; allein der hiergegen angeführte Grund läßt sich auf den Fall nicht anwenden, wenn die Gegenpartei die Zuziehung eines Geistlichen verlangt. Hiernach ist die Vorschrift des §. 369. Tit. 10. der Prozeß-Ordnung modificirt worden.

Die Vorschrift der §§. 81 und 96. des Anhangs zur Allgem. Gerichtsordnung, nach welcher demjenigen, welcher einen Eid zu leisten hat, die dem Tit. 10. der Prozeß-Ordnung angehängte gedruckte Vorhaltung zum Durchlesen übergeben oder vorgelesen werden soll, ist nicht wieder aufgenommen, weil die Zweckmäßigkeit dieser Vorschrift erheblichen Bedenken unterliegt. Eine solche Vorhaltung läßt sich im Voraus nicht so abfassen, daß sie für Jedermann passend ist, man überläßt es daher besser dem Richter, die Vorhaltung nach der Persönlichkeit und Bildungsstufe dessen, welcher einen Eid zu leisten hat, selbst einzurichten. Diese von dem Richter unmittelbar ausgehende und der Persönlichkeit des Schwörenden entsprechende Vorhaltung ist, wie die Erfahrung lehrt, eindringlicher und wirksamer als das Durchlesen oder Vorlesen einer gedruckten Vorhaltung, wie solches bisher vorgeschrieben war.

Zum §. 230.

Es sind hier die Vorschriften des §. 316. Tit. 10. der Prozeß-Ordnung und der Allerhöchsten Cabinetsordre vom 18. August 1835 (Gesetzsamml. S. 182.) in Ansehung der Eidesform der christlichen Glaubensgenossen aufgenommen. Indessen darf nicht unbemerkt bleiben, daß es zweckmäßiger sein dürfte, für die Eide der evangelischen und katholischen Christen eine gleiche Schlußformel einzuführen. Die im §. 230. des Entwurfs für die Evangelischen angeordnete Schlußformel würde auch für die Katholiken anwendbar sein.

Zu §§. 231—235.

Diese Bestimmungen geben die §§. 356—367. Tit. 10. der Prozeß-Ordnung unverändert wieder.

Zu §§. 236—248.

Es sind hier die Vorschriften der Prozeß-Ordnung Tit. 10. §§. 317—350. über die Judeneide, mit Ausnahme der zum speziellen Theil verwiesenen Vorschrift des §. 343. a. a. O., beibehalten worden. Dieselben dürften zwar zum Theil nicht zweckmäßig sein, da jedoch über die bürgerlichen Verhältnisse der Juden besondere Berathungen eingeleitet sind; so hat man denselben hier nicht vorgreifen wollen. Nur von der besonderen Vermahnung (§. 245. des Entwurfs) ist in Betreff der jüdischen Zeugen abgesehen worden, da sie bei diesen nach dem §. 346. Nr. 3. Tit. 10. der Prozeß-Ordnung nur in dem seltenen Falle Statt finden sollte, wenn der Produzent ein Jude und bei der Abnahme des Zeugen-Eides persönlich zugegen wäre. Diese Vermahnung konnte letzterer also schon bisher dadurch von sich ablehnen, daß er bei der Eidesableistung des jüdischen Zeugen nicht anwesend war.

Zum §. 249.

cf. §. 203. Nr. 5. Tit. 10. der Prozeß-Ordnung.

Durch die Allerhöchste Cabinetsordre vom 19. November 1836 (Jahrbücher Bd. 49. S. 175.) sind auch die Philipponen von der förmlichen Ableistung eines Eides entbunden, und ist die bei denselben anstatt des Eides übliche Betheuerungsformel in der Instruction vom 28. Januar 1837 bestimmt. Man hat es indeß nicht für zweckmäßig erachten können, die Philipponen in der Prozeß-Ordnung namentlich aufzuführen, sondern es vorgezogen, ihnen das ihnen ertheilte Privilegium durch die Worte „und Andere" zu conserviren. Da für die Philipponen die Betheuerungsformel übrigens durch die allegirte Instruction bestimmt ist; so mußte der §. 249. des Entwurfs überdies den Zusatz: „in sofern nicht bereits eine solche Formel vorgeschrieben worden," erhalten.

Bei Fragen zur Produktsicherheit wenden Sie sich bitte an:
If you have any questions regarding product safety,
please contact:

Walter de Gruyter GmbH
Genthiner Straße 13
10785 Berlin
productsafety@degruyterbrill.com